The Enchanted Isles

Daniel Samoilovich

The Enchanted Isles

Las Encantadas

translated from Spanish by
Terence Dooley

Shearsman Books

First published in the United Kingdom in 2022 by
Shearsman Books
PO Box 4239
Swindon
SN3 9FN

Shearsman Books Ltd Registered Office
30–31 St. James Place, Mangotsfield, Bristol BS16 9JB
(this address not for correspondence)

www.shearsman.com

ISBN 978-1-84861-810-7

ACKNOWLEDGEMENTS
Las Encantadas was first published by
Tusquets Editores, Barcelona, in 2004.

Programa **Sur**

Work published within the framework of "Sur" Translation Support Program of the Ministry of Foreign Affairs and Worship of the Argentine Republic.

Obra editada en el marco del Programa "Sur" de Apoyo a las Traducciones del Ministerio de Relaciones Exteriores y Culto de la República Argentina,

Tomad unos veinticinco montones de carbonilla diseminados aquí y allá en un descampado, luego imaginaos que algunos de ellos se han agrandado hasta alcanzar el tamaño de una montaña, después imaginad que el descampado es el mar y todo ello os dará una idea del aspecto general de las islas Encantadas. Un grupo de volcanes extinguidos, antes que islas, que presenta el aspecto que podría ofrecer el mundo después de haber sufrido el castigo de una conflagración.

—Herman Melville, *The Encantadas*, Primera Nota.

El cambio más importante en la historia del conocimiento es el reemplazo, hacia el siglo XVIII, del interés en el cosmos, el orden universal y la salvación, por el interés en los hechos.

—Daniel J. Boorstin, *The Discoverers*

Take five-and-twenty heaps of cinders dumped here and there in an outside city lot, imagine some of them magnified into mountains, and the vacant lot the sea, and you will have a fit idea of the general aspect of the Encantadas, or Enchanted Isles. A group rather of extinct volcanoes than of isles, looking much as the world at large might after a penal conflagration

   —Herman Melville, *The Encantadas*, Sketch First

The most significant event in the history of knowledge is the replacement, in the eighteenth century or thereabouts, of the interest in the cosmos, in the order of the universe and in salvation by the interest in facts.

   —Daniel J. Boorstin, *The Discoverers*

PRIMERA PARTE

EL SUEÑO

Oh, narrador y sujeto de unas acciones mínimas, se despierta a medianoche en una pieza de hotel. Estaba soñando con un viaje hecho quince años atrás a las Galápagos, un archipiélago ubicado en el Pacífico a unos mil kilómetros de la costa del Ecuador; archipiélago en el cual, según cuenta la historia de la ciencia, Darwin concibió su teoría de la evolución de las especies.

PART ONE

THE DREAM

Oh, narrator and protagonist of this little tale, awakes at midnight in a hotel room. He was dreaming of a trip he took fifteen years earlier to the Galápagos, an archipelago situated in the Pacific 1,000 kilometres from Ecuador; the archipelago where, according to the annals of science, Darwin first conceived his theory of the evolution of species.

Si ronda el tiburón, si caminamos

por una calle de árboles extraños,
si el viento nos cubre de pétalos rosados
—o fichas de ruleta— y un cascarudo
chilla en la pista más fuerte que el avión,
si a medianoche me despierta la imagen
de dos que vuelven del abismo con langostas
en sendas redes de malla muy cerrada,
si un ostrero o un pinzón se avienen
a ilustrar la evolución de las especies,
¿quiere decir entonces que retornan
las islas negras, vas de nuevo a señalar
en las grietas entre la lava el pasto
amarillo que asoma,
                          de veras va a nacer
la vida una vez más, volver sobre sus pasos
el mar que encandila, la mañana
de los monstruos serenos, iniciales?

If the shark circles, if we walk

down a street of strange-shaped trees,
if the wind showers us with pink petals –
or roulette chips – and a hard-shelled beetle
screeches on the airstrip louder than the plane,
if at midnight I'm woken by a vision
of two who return from the deep with lobsters
in respective very-fine-meshed nets,
if an oystercatcher and a bullfinch agree
to illustrate the evolution of species,
does that mean the resurgence
of the black islands, will you point
once more to where, in the lava-fissures,
the yellow grass appears,
                    is life really
due to be reborn, will the dazzling
seas retreat, in the dawn of the
 serene primeval monster?

El islote Chatham

Romo, nada notable, por decirlo
de una vez, nada menos atractivo:
una capa delgada de basalto
atravesada por enormes grietas,
cubierta en partes por arbustos negros
que achaparrados por el sol apenas
viven. La superficie, escamosa
de puro seca, agobiada por los…

No parece – parece – no parece
parece – no parece – puro seca
escam – asuperfí – ciecá – paboca.

Recojo plantas pero apenas si consigo
algunas, tan pequeñas, enfermizas
que diríase… que parece… no parece…
Aire sucio, pesado, sofocante,
como el que pudiera respirarse
en un horno de pan en York, en Essex.
Llegamos a pensar que los arbustos
—incluso la retama— huelen mal…

No parece… parece… no parece,
parece que pudiera respirarse
con círculos, con bocas imperfectas.

No dan sombra estos árboles, parecen
no tener hojas, tardo en darme cuenta
que las tienen, y flores. Noche en tierra,
cien conos de volcanes más bien bajos,
ciento sesenta, todos rematando
en bocas imperfectas, simples círculos

Chatham Island

Dismal, uninviting, to say it
once for all, ugly as sin,
a thin layer of lava
with great fissures through it
part-covered by sunburnt
stunted brushwood barely
alive. The ground, scaly
from pure drought, whelmed by...

It doesn't seem – it seems – it doesn't seem
it seems – it doesn't seem – pure drought
scal – esgro – undlay –ermouth.

I'm botanising, but I find
few plants, insignificant, wretched-looking,
you'd say... it seems... it doesn't seem...
Close and sultry air
like you might breathe
in a stove in York, in Essex.
We fancied even the bushes,
even the broom, smelt unpleasantly...

It doesn't seem... it seems... it doesn't seem,
it seems it could be breathed in by
circles, wonky mouths.

These trees are shadeless, they seem
leafless, after a while I realise
they were in leaf and even in flower. Night on earth,
a hundred volcano cones, on the low side,
one hundred and sixty, all topped
with wonky mouths, bare circles

de escoria roja que algo, un cemento
también rojo, mantiene amalgamados…

No parece… parece… no parece,
parece, no parece, bocas rojas,
círculos, anos, bocas imperfectas.

No más de veinte, treinta pies, alzándose
por sobre la llanura de basalto
inflamaciones, bolas gigantescas,
sus paredes en parte desplomadas…
Aspecto sumamente artificial…
Como hornos de pan en Devonshire,
calderas de vapor en Sussex, Essex…
No parece… parece… no parece.

Dos tortugas me miran, una de ellas
se aleja muy despacio, la otra silba,
la que silba se mete en la carcaza…

Aves: escasas, de colores: foscos,
no parecen ocuparse de mí.
Como si a los ángeles se pudiera
burlar, y a sus espadas encendidas,
y volver al Edén, y el Edén fuera
un infierno, me asalta una fatiga
horrible; y mi andar es arrastrarse
sobre esta superficie: un lagarto

también yo, pero mal, inadaptado:
escama superficie capa boca
anos círculos bocas imperfectas.

of red slag that something, a glue,
also red, amalgamates.

It doesn't seem... it seems... it doesn't seem,
it seems, it doesn't seem, red mouths,
circles, ani, wonky mouths.

No more than twenty, thirty foot
above the basalt-lava plain
inflammations, giant wens,
their walls part fallen-in...
In every way fake-looking...
like Devonshire stoves,
steam-kettles in Sussex, Essex...
It doesn't seem... it seems... it doesn't seem.

Two tortoises stare at me, one of them
slowly walks away, the other hisses,
the hissing one draws in his head...

Birds, few, red, yellow: dull-coloured
seem not to care for me.
As if one could mock
the angels and their flaming swords,
return to Eden, and Eden were
hellish, I'm felled by dreadful
weariness, and can only drag
myself over this ground, myself

a lizard too though ill-adapted clumsy:
scale ground layer mouth
ani circles wonky mouths.

Tres rectas que parten de un punto

determinan un prisma que intersectado por
un plano da un triángulo: ese triángulo, mirado
atentamente unos mi   lenios, uno descubre
una noche que es la realidad
y la realidad no es posible   que se piense a sí misma,
el triángulo no puede   ser pensado de adentro,
tiene que ser   de afuera pensado,   y ese afuera
va... parece que va...   no va, no parece que vaya
a   a

Three straight lines departing from a point

determine a prism   intersected by
a plane, it forms a triangle: looking at the triangle
attentively for thousands   of years, one discovers
                    a night that is reality
and reality cannot   possibly picture itself
the triangle can't   be pictured from within
it has to be   beheld externally   and this exterior
goes… seems to go…   doesn't go, doesn't seem to go
to   to

17

Como esa puta que en un puente de París

le entregó a un conde ruso la tarjeta
de un *professeur* especialista en sífilis,
somos cada uno para el otro
cura y enfermedad, daño, alivio.

Bajo el cielo a veces negro, a veces rojo,
acortamos los pasos, porque pasos
más breves alargan la noche.

Te agarro del brazo en las esquinas,
necesito algo fijo en el tiempo
que al caminar tan despacio dilatamos:

árboles de flores iguales
dentro y fuera de casa, laberinto en el que,
si pudiéramos perdernos,

giraríamos para siempre, impidiendo
que la noche pase y pasando abra paso
a las noches que siguen:

extraviarse en el espacio y así cortar
en cualquier eslabón la cadena del tiempo;
no llegar al puerto, y en el cielo encapotado

no ver fuegos de San Telmo, no ver
el silencio eléctrico, raro, prendido
del tope de los mástiles.

Like the whore who on a Paris bridge

handed a Russian count the card
of a renowned syphilis *professeur*,
each of us is for the other
cure and sickness, hurt and remedy.

Beneath the sky, now, black, now red,
we take small steps, for the shorter
the steps, the longer the night.

I cling on to your arm at corners,
I need a fixed point in the time
that, walking so slowly, we expand:

trees blossoming alike
within and out of doors, a labyrinth in which
if we could lose ourselves,

we'd go round and round forever, that the night
not pass and in its passage cede the pass
to all the nights to come:

lose ourselves in space, and thus
break the chains of time at a random link;
never reach port, and in the cloudy skies

not see the corposant, not see
the weird electric silence caught
on the mastheads.

Un triángulo no puede ser pensado de adentro

— un rayo hace falta, entre arbolitos
enredados y cactos donde anidan
las más incautas de las aves, los piqueros,
un rayo es necesario para
que un pensamiento, etc.,
y el barco que anclado
sobre las olas brunas cabecea y rola
entienda que es un barco:
un triángulo no puede
ser pensado de adentro:
"adentro" es en el plano, y un bicho
igualmente extrachato que viviera
adentro del triángulo
su casa la vería
como una interrupción del horizonte:
de afuera es que el triángulo
como tal aparece, fue un rayo
el que vino a decir: "Ya es la hora,
es de noche, bajemos a pescar
bajo el mar, entre las piedras, langostas
derra
rasfor
maspálidas".

A triangle can't be pictured from within

— a lightning-bolt is needed in the
inextricable thickets and cacti where nests
that unwariest of birds the blue-footed booby,
a lightning-bolt is necessary
for the picturing of etc.
and for the boat,
that nods and veers
at anchor on the brown breakers,
to comprehend it is a boat:
a triangle can't
be pictured from within:
'within' is on the plane, and an animalcule
equally one-dimensional that lived
within the triangle
would see its house
as a break in the horizon:
externally is how a triangle is seen
to be a triangle, it was a lightning-bolt
that came to tell us: 'Now is the hour,
night has fallen, let's go down to the sea
and dive between the rocks for lobsters
withtheir
strangepa
leforms.'

Sí, están volviendo, vuelven,

es sutil el origen de estas islas,
que trae la noche y vienen con el sueño.
Algo que, digamos, hubiera quedado irresuelto en el pasado,
pero es inútil buscar, retrospectivamente,
cicatrices o indicios de angustia
en las calas cubiertas de resaca,
en el pueblo negro de iguanas
sobre la costa catatónica:
la búsqueda podría,
como un detective distraído, fabricar pistas falsas
o adulterar las verdaderas. El mismo velo espeso
que cubre lo-que-ha-de-ser cubre el pasado:
los dioses se ríen de la ansiedad excesiva
que los hombres tienen por conocer el futuro;
y peor aun que soportar su burla
es ver pasar a la ninfa Asterie, la única
a la que es dado volar hacia su infancia.
Allá va, atraviesa Sullivan Bay
y esas manchas oscuras son galápagos
apareados hace horas, los acuna
el tumultuoso mar.

They are returning, they return,

it's an enigma the origin of these isles
that night brings and that come in dreams.
unfinished business from the past, shall we say,
but there's no point in looking retrospectively
for scars or marks of anguish
in inlets covered by the tide
in the black iguana population
on the catatonic coast:
the inquiry might,
like a careless detective, throw up false trails,
vitiate the true ones. The same thick mist
that veils what-is-to-be conceals the past:
the gods laugh at man's
yearning to see into the future
and worse even than the sound of their laughter
is the sight of the nymph Asterie, she alone
may take wing back to infancy.
Off she goes, over Sullivan Bay,
and those black stains are freshwater turtles
mated hours ago and rocked
in the tumultuous sea.

Como el ombligo de los ángeles no prueba

que hayan nacido de mujer
la escamosa superficie de estas islas
no puede engañarme:
estas no son las hijas verdaderas
del volcán que ardió en el Pleistoceno,
son apenas figuras que el sueño
engendró torcidas
más por diversión, por capricho de artista
que por mejor imitar a su modelo;
les paso la mano por encima
y agarro aire, si es que agarro;
si es que muevo la mano, si pudiera
moverla, si tuviera
mano:
lo cual no es obvio, lo cual no es evidente.

The belly-buttons of angels by no means prove

they were born of woman
nor can the scaly surface of these isles
deceive me:
these are not the true daughters
of the volcano that erupted in the Pleistocene,
they are nothing more than the twisted
shapes nightmare engendered
to amuse itself, an artist's caprice,
instead of portraying its model;
I waft my hand over them
and it closes on air, if it closes,
if I move my hand, if only I could
move it, if I had
a hand
which isn't obvious, which isn't evident.

El mundo es como un dado

que rueda.
y todo gira con él:
   el hombre
se vuelve ángel, el ángel
   hombre.
La cabeza pie, el pie
   cabeza.
Así dan vueltas y vueltas
   las cosas
y se transforman ésta
   en aquella
y aquella en ésta, lo superior
   en inferior
y lo inferior en superior;
   cuentas
no saldadas del Precámbrico
   devienen
penas de un amor concluso,
   la ansiedad
de una noche en el Trópico
   cifra
del tiempo irreversible;
   en la raíz
todo es uno, y en las transformaciones
   algo se
redime, en algo se repara
   el error
divino de haber separado
   de la tiniebla
la luz, haber hecho de la idea
   cosa.
En el cambio nacen
   dientes,

The world is like a tumbling

dice.
And all revolves with it:
man
turns angel, angel
man.
Head to foot, foot
to head.
So things continually
somersault
and this is transformed
into that
and that to this, up
into down
and down into up;
accounts
unpaid in the Precambrian
become
the pangs of ended love,
the anguish
of a Tropical night
a cipher
of irreversible time;
at root
all is one, and in the transformations
something is
redeemed, a kind of reparation
for God's
mistake in having divided
light
from darkness, having made the idea
real.
In change grow
teeth,

del cambio comen
ángeles,
caídos inclusive.

angels gnaw on change
            even
fallen ones.

Son moretones, sombras, islas,

unas manchas en las que el sujeto,
ve lo que se le canta, revelando,
más que algo acerca de esas formas,
el retrato-robot de sus demonios.
Empapando en pintura no muy densa
un pincel e imprimiéndole después
un decidido impulso hacia la tela,
sin llegar a tocarla, deteniéndolo
de improviso, se logra que la inercia
proyecte hacia la tela gotas, manchas.
Sin embargo el cuento puede ser
muy distinto contado por las gotas:
el pincel se retira, el cuadro avanza,
las gotas permanecen suspendidas,
la tela las embiste, las revienta.
En cualquiera de los dos casos, raros;
en cualquiera de los dos casos, casos;
en todo caso estallan islas, manchas,
excepción a las reglas, mundos-islas,
laboratorios de fenómenos
sin espesor moral,
simplemente excepcionales,
y ni siquiera muy excepcionales
desde el punto de vista de las islas:
desde luego, ser es lo más raro,
pero el sujeto de tal ser, es difícil
que llegue a darse cuenta, más bien tiende
a parecerle rara la idea de no ser.
Fracaso al definir las islas
como excepción o como regla:
sólo una impresión, la impresión,
viendo el mar al frente, de que uno,
si girara vería otra vez

They are bruises, shadows, islands,

stains in which the subject
sees what he desires, revealing
no meaning of these shapes
but his photofit demons.
You steep a brush in thinnish paint,
grip it and wield it forcefully
towards the canvas, suddenly
stopping short, letting inertia
splatter the canvas with drops and stains.
But from the viewpoint of the drips
it might be a different story;
the brush retreats, the picture advances,
the drops hang in the air, the canvas
lunges at them, bursts them.
In either case weird;
in both cases, cases;
in any case the isles and stains explode,
exceptions to the rule, island-worlds,
laboratories of phenomena
with no moral weight,
but their exceptionality,
which for the islands themselves
isn't that exceptional:
of course being is the weirdest thing
but, for the one who is, that's hard to grasp,
it seems to him
not being would be weirder.
Catastrophic failure to define the islands
as either exception or rule:
just an impression, the impression that,
looking at the sea, if you turned round
you'd see the sea once more, and the echoes
of that impression in the consciousness,

el mar, y las prolongaciones
de esa impresión en la conciencia,
en el cuerpo, en el modo en que el aire corre;
esto, aun sin que uno se de vuelta,
o aunque, volviéndose, un obstáculo visual
o el simple tamaño de la isla
impidan ver el mar. La isla
se confunde con su mapa, viviendo en una isla
no es posible apartar de la cabeza
el mapa de la isla. Es cierto que todo
vive de una forma, plegado en una forma,
en una superficie; pero la isla es una forma
a la que una oscura razón, quizás la propia
limitación de su tamaño, le impone
conciencia de ser forma,
y esto es bien raro, esto sí que es capricho,
esto sí es pandemonio, estando dentro
de su cuerpo no hay ninguna razón
para que sepa que es un cuerpo.
Sólo cabe pensar que algo
o alguien se lo dice
y su mérito consistiría entonces
en escuchar, rendirse a la evidencia,
de que sí, bueno, es así.

in the body, in the rushing wind;
this, even without turning round,
or despite, having turned around, an obstacle
to sight, or the very size of the island
preventing you seeing the sea. The island
gets mixed up with its map, living on an island
you can't get the map of the island
out of your head. It's true that everything
has a shape, is folded into its shape,
its surface; but the island is a shape
on which some obscure cause, maybe the very
limitation of its scope, imposes
awareness of its shape,
and that is very weird, that really is bizarre,
that really is pandemonium, existing within
its body there is no cause
for it to know it is a body.
All one can think is that something
or someone tells it so
and its merit then would consist in
listening and accepting that
yes, well that's how it is.

En cierto modo la esponja supera

a la medusa: aunque la esponja
es en varios aspectos primitiva
y tiene por ejemplo una menor
división del trabajo celular,

ostenta sin embargo una ventaja,
expulsa por un lado lo que sobra
de lo que ha capturado por el otro,
idea que es extraña a la medusa.

Sin embargo, nosotros no venimos,
no provenimos, no venimos de
la esponja, la medusa, de la tierra
de Israel. No venimos, más bien vamos

huyendo y en el lío de la fuga
nos perdimos, quedamos dando vueltas
en un prisma, un poliedro irregular;
si se divide en dos ese poliedro

se obtiene un triángulo, ese triángulo
vendría a ser la realidad, ella no puede
ser traspasada hacia arriba o abajo,
desde la propia, parece que no puede,

desde la propia realidad, parece.
No parece; la canción del Nuevo Mundo
parece que no iba a escribirla,
un profesor nacionalista, un vate

fascistoide, un prócer progresista,
ni siquiera el hombre que en la siesta
conversa bajo un carro con su hermano;
más allá de las sabias discusiones

In a sense the sponge is superior

to the jellyfish, though the sponge
is in some ways primitive
and has for instance a lesser
division of cellular activity,

nonetheless it boasts of one advantage,
it expels through one side the excess
of what it has absorbed through the other,
an idea that is alien to the jellyfish.

However, we don't come,
we don't originate, we don't come from
the sponge, the jellyfish, from the land
of Israel. We don't come from, in fact we run

away and in the confusion of flight
we lose ourselves, we end up rotating
in a prism, an irregular polyhedron;
if that polyhedron is divided in two

you get a triangle, that triangle
would come to be reality, it can't be
pierced up or downwards,,
from its own dimension, it seems it can't

from reality itself, it seems.
It doesn't seem; the song of the New World
doesn't seem to have been meant to be written by
a nationalist academic, a fascistoid

prophet, a progressive dignitary,
or even by the man who spends his siesta hour
chatting with his brother under a car;
far from the sage discussions

que iban al respecto a sostener
en la coda del siglo (la del otro),
algunas mentes tan privilegiadas
como enfebrecidas, la canción

del Nuevo Mundo ya estaba escrita,
y la había escrito un inglés.
Si se callan, les cuento: la canción
del Nuevo Mundo vendría a ser

el Viaje de un Naturalista
Alrededor del Globo
a Bordo
del H.M.S. Beagle.

held on the subject
at the tail end of the nineteenth century
by minds as distinguished
as they were fervent, the song

of the New World was already written,
and an Englishman had written it.
If you'll hush, I'll tell you: the song
of the New World would turn out to be

the Voyage of a Naturalist
Around the World
Aboard
the H.M.S Beagle.

Epílogo de la primera parte

Pongámoslo así:

Darwin, Eneas; Roma, el vértigo
de la evolución. La cosa rara
de basar un destino de gloria
        en los vencidos.

No importa, no precisa lógica,
sólo padres, después se cambia todo:
como en sueños se agrandan picos, patas,
        cambian lugares la boca

con el ano, los brazos con alas.
Terremotos recientes, la vida
está naciendo ya, ahora.
              Veamos: al principio

un solo agujero abastece
todos los requerimientos del pólipo:
pero cuando los primeros gusanos
        (flush, splush)

empiezan a reptar resulta lógico
que aparezca una segunda abertura:
por el polo anterior el alimento
        es capturado,

por el posterior se elimina aquello
que no resulta aprovechable.
Se llega a esta disposición de dos
        maneras,

Epilogue to Part One

Let's put it like this:

Darwin, Aeneas; Rome, the vertigo
of evolution. The weirdness
of founding a glorious destiny
      on the vanquished.

Never mind, logic isn't needed here,
only fathers, then everything is changed:
as in a dream beaks and limbs extend,
      the mouth becomes

the anus, wings become arms.
Recent earthquakes, life
is being born already, now.
      Let's see: in the beginning

a single hole meets
all the requirements of the polyp:
but when the first worms
      (flush, splush)

begin crawling it's logical
for a second aperture to appear:
at the front end food
      is captured,

at the back end whatever
wasn't useful is excreted.
This state of affairs is arrived at
      in two ways,

la primera chance es que la boca
siga siéndolo y aparezca un ano
en la otra extremidad del intestino
(bien, prolijo);

la otra es que la boca primitiva
se transforme en un ano y aparezca
en la otra punta del bicho en cuestión
una nueva boca.

Los cefalópodos y otros moluscos
adoptaron la primera estrategia,
peces, erizos, luego el ser humano,
la segunda.

Siendo la solución que eligieron
nuestros ancestros la más repugnante
y también la más absurda
cabe notar

que si bien no podríamos probar
que resultara la más eficaz
al menos no parece que haya sido
peor que otras.

No parece, parece, no parece,
parece, no parece, bocas rojas,
círculos, anos, bocas imperfectas,
escoria roja.

No parece eficaz, pero funciona.
Esto sí que es bien raro, esto sí
es capricho, esto es pandemonio.
¡Pandelmonio!

the first possibility is for the mouth
to stay a mouth and for an anus to appear
at the far end of the intestine
        (good, fine);

the other is for the primitive mouth
to change into an anus and a new mouth
to appear at the other end of the creature
        in question.

Cephalopods and other molluscs
adopted the first strategy,
fish, sea-urchins, then human beings,
        the second.

Since the solution our ancestors chose
was the most repugnant
and also the most absurd
        it should be noted

that even though we couldn't say
it was the most efficient
at least it doesn't seem to have turned out
        too badly.

It doesn't seem, seems, doesn't seem,
seems, doesn't seem, red mouths,
circles, anuses, wonky mouths,
        red slag.

It doesn't seem efficient, but it works.
And that is very weird, that really is bizarre,
that really is pandemonium.
        Devil's bread!

SEGUNDA PARTE

EN LAS ISLAS

En una casa, antes de embarcar. Luego, en las islas, visita al Museo. Pasto en unas grietas del basalto. Cautamente, Darwin se asoma a su idea.

SECOND PART

ON THE ISLANDS

In a house, before sailing. Then, on the islands, visit to the Museum. Grass in fissures in the basalt. Tentatively, Darwin considers his idea.

La noche antes de embarcar

Toca dormir en esta casa, aquí
nos dejaron, provistos de una cita:
mañana a la mañana, en el muelle.
                    Por la ventana

que da a la calle se ven los mismos árboles
que en el jardín, es fácil confundirse,
adentro, afuera, el mismo color rosa
                    de los grandes pétalos.

Sólo un azul ……………………………..
………………………………. este jardín,
……….. una calle…………………………..
                    una casa

y en esa casa un jardín, quizás éste.
Tus ojos son el ancla, cerca de ellos
estoy seguro, ellos son la casa
                    verdadera,

no estas paredes falsas, dibujadas
de apuro, justo antes que lleguemos
—no separan siquiera dos matices
                    de rosa,

ni un hemisferio de otro, ni los cielos,
enemigos, de la osa y el carrito—.
No me cubren tus ojos del rocío
                    ni del tiempo,

no evitarán que muera y sin embargo
ellos sí son refugio, talismán,
cerca de ellos yo me creo seguro.
                    O, mejor,

The Night Before Sailing

We're to sleep here, they left us
in this house and told us:
tomorrow morning, at the wharf.
                From the window

on the street we can see the same trees
as in the back garden, it's confusing,
inside, outside, the same
                huge pink petals.

Only a blue............................
..........................this garden,
...............a street ....
                a house

and in the house, a garden, maybe this one.
Your eyes are the anchor, near them
I feel safe, they are the real
                house,

not these fake walls sketched in
in haste the moment before
we came, that can't even keep apart
                two hues of pink,

or two hemispheres, or the, warring,
constellations of the big and little dipper.
Your eyes don't protect me from the dew
                or time,

they won't stop me dying, they are,
nonetheless, a refuge and a talisman,
near them I feel safe,
                or, rather,

empieza a darme igual lo que suceda,
a no asustarme esta casa que mañana
dejaremos como un poco más tarde
       dejaremos

las islas, el aliento, los huesos.
       Pero
es que sin vos lo mismo daría
       haberse muerto ya,
y entonces lo peor, que hubiera sido
       no conocerte,
vivir en otro siglo distinto del tuyo,
       en un planeta
cualquiera de cualquier podrido sol,
       o peor,
cruzarse con vos en la cola del cine,
       en la sala
de espera de la morgue, y no avivarse
       que eras vos,
tenerte delante, y, como un artista pésimo,
       no verte,
eso ya no sucedió y ahora todo está bien,
       ahora
lo único que quiero es no sobrevivirte.
       La casa
ojalá fuera de cartón, de dulce,
       ojalá
de chocolate o mazapán, y viniera
       un ogro
y se la comiera con nosotros
       adentro.

(Es por algo que el niño venusino
bajó a la tierra armado de arco y flecha,
no se trajo una pala ni una escuadra
ni ridículamente acarreó

I begin not to care what happens,
and no longer fear this house,
which tomorrow we'll leave, just as later
    we'll leave behind

the isles, our breath, our bones.
                But
the thing is without you I might as well
            be dead,
and then the worse thing would have been
            not to have met,
living in a different century from you
              on a commonplace planet
under an ordinary squalid sun,
            or worse again,
to bump into you in a cinema queue,
            in the morgue
waiting-room, and not know you
            were you,
to have you in front of me and, like a bad painter,
            not see you,
but that hasn't happened and now everything is
            just fine,
all I ask is not to live on after you.
            I wish
this house were made of cardboard or of candy,
            I wish
it were chocolate or marzipan, and an ogre
            came
and gobbled it up with us
            inside it.

(Not for nothing did Venus's boy
descend to earth armed with a bow and arrow,
he didn't bring a rod with him or a set-square
nor did he ridiculously come down from his

desde su olímpica morada vendas,
lenitivos, remedios. Su tarea
es dañar, no curar, no construir nada;
si cuando te ensarta te olvidás

de la muerte, se trata de un efecto
colateral, del mismo modo que
un tipo al que le pegan un balazo
en la mano, en un hombro, en un pie,

seguro que se olvida de inmediato
de la angustia suicida, inmaterial,
que hace cinco minutos lo aquejaba:
cuando de veras pica, se transforma

en trivial el miedo a lo futuro;
          el día de mañana y toda
deducción y toda prospección
          y toda

reflexión, que el diablo se las lleve:
          esta es la hora
furiosa y a la vez serena
          del ahora

y en las manchas rojas, amarillas,
          del ahora, en las islas un reino
fundado en la ley de tu mirada,
          cosmos macro

donde cada accidente del terreno
          corresponde a un cosmos micro:
las montañas tus pies, las lagunas tus ojos,
          ¿y por qué

Olympian heights laden with bandages,
sedatives, salves. His mission is
to wound, not to heal, not to build anything;
if when he pierces you with his arrow

you forget about death, it's only
a side-effect, just as, when
a man is hit by a bullet
in his hand in his shoulder, in his foot,

he's bound to forget there and then
the vague suicidal anguish
he was plagued with five minutes before:
when there's real pain, fear

of the future becomes a trivial thing;
                    to hell with tomorrow and every
deduction and every prediction
                    and every

reflection whatsoever:
                    this is the ferocious,
albeit serene,
                    hour of the now

and in the red and yellow stains
                    of the now, in the isles a kingdom
founded on the law of your eyes,
                    macro-cosmos

where each accident of the terrain
                    corresponds to a micro-cosmos:
the mountains are your feet, the lagoons your eyes,
                    and why

en el infinito ensayo geológico
        no podría el planeta
generar una cosa como esa?
        Si fuera posible,

aquí debería ser, aquí empieza de nuevo,
        a hervir la tierra,
nacen de nuevo, en las grietas del basalto,
        pálidas
            hebras
                de pasto.

in the infinite geological experiment
                couldn't the planet
generate such a phenomenon?
                If it could happen,

it should be here, here once more the earth
                starts to boil again,
and again there sprout, in the cracks in the basalt,
                pale
                      shoots
                            of grass.

Así debió nacer —dijiste— la vida.

Señalabas tres hebras amarillas
de pasto entre las grietas del basalto.
Nosotros, los únicos testigos.

Like this – you said – must life have begun

You pointed to three yellow shoots
of grass in the cracks in the basalt.
We two, the only witnesses.

En el refugio de los amotinados,

donde se exilian dragones y piratas,
el mundo nace de nuevo, pero enfermo,
contagiado de los mundos que ya existen:
débil el pasto, malolientes los árboles,
y silban en la noche las tortugas
y el aire como un pájaro pesado
se posa en la cubierta, mira, mira.

Refuge of mutineers

where lizards and pirates are exiled,
the world is born anew, but sickly,
infected by old worlds,
sparse vegetation, stinking trees,
where tortoises whistle at night,
and the wind like a weighty bird
alights on the deck and stares, stares.

Alta noche, sobre el tajamar,

se demora un pelícano,
demasiado naturalista, y por lo mismo, falso
mascarón de proa; en el puente
una partida de naipes lleva y trae
corazones adecuadamente rojos,
picas, tréboles: al diamante acá le dicen "brillos"
y brillos ásperos dispensa tu mano, estaría tentado
de pensar que sabe
lo que no puede saber: que al dar cartas, da origen
a una melancolía por venir.
Pero lo más probable es que no, que no sepas
ni sepa tu mano… ¿Dónde se fueron
el capitán, el cocinero? Ahora vuelven
del mar, parece que chorrearan
alquitrán sobre cubierta, tan oscuro
es el reino del que vuelven que demora
en desprenderse de sus cuerpos, de sus trajes
de hombre rana:
en bolsas de apretada malla traen
regalos del abismo, la atrevida
geometría de langostas que mueven
antenas rotas, pinzas ahora inútiles.

At dead of night, on the breakwater

stood a pelican
too-lifelike and for that reason
a false figurehead; on the deck
a card-game shuffles and disperses
hearts suitably red,
spades, clubs: here they call diamonds 'sparklers'
and abrasive sparklers your hand deals out, I'm tempted
to think it knows
what it can't know: that as it deals it forebodes
a melancholy future,
but most likely you don't know
nor does your hand. – Where did
the captain go, and the cook? Now they're back
from the sea they seem to be dripping
tar onto the deck, so dark
is the kingdom they're returning from the darkness
clings to their bodies and frogman suits:
in close-meshed nets they bring
gifts of the deep, the bold
geometry of lobsters shifting
broken antennae, impotent pincers.

Como si entre "vos" y "yo",

animal y hombre y hombre y mujer,
        oh y ah, se insinuara
una tercera categoría. Como si hiciera falta.
        ¿Ama Ulises su exilio
o ama a su mujer? ¿O lo que ama es la línea de puntos
        que a uno lo une con la otra?
Lo que nos une está, lo encontramos aquí,
        quiaquí loencontramos,
estas islas peladas, perros salvajes
        y dragones mansos, las ruinas
de un Palacio de Lava bajo el sol de fuego.

As if between 'you' and 'me'

animal and man and man and woman,
        oh and ah, a third category
snuck in. As if it filled a need.
        Does Ulysses love his exile
or his wife? Or does he love the dotted line
        uniting the one with the other?
What unites us exists, we discover it here,
        herehere wefind it,
these skinned islands, wild dogs
        and tame lizards, the ruins
of a Palace of Lava beneath the blazing sun.

Me llevas tapar, en trules gritas

dunoskur adesola senyalaste
tres pálidas pastebras:
—Así debió —igiste— nacer
unaves, algú naveslabí—.

        Y otro testí kenosotros

                nobí.

You drugme, thru the crax

fromda rkwild you pointed to
three pale grassblades.
'So must', sayd you, 'all life
have begun onceupona.'

                 And noneother

                         butwe saw.

Los galápagos buscan agua dulce

embarrarse, beber gran cantidad…
arrastrándose hacia el agua han generado
a fuerza de pasar por el mismo camino
sendas que irradian desde el centro de las islas
en todas direcciones… estos grandes seres
dirigiéndose unos velozmente hacia el agua,
con el cuello tendido; con toda calma,
ya apagada la sed, alejándose otros.
Cuando la tortuga llega a la fuente,
poco le preocupa que la miren o no,
sumerge la cabeza en el agua, traga
inmensas bocanadas, ocho por minuto,
los habitantes de las islas cuando viajan
por las regiones bajas tienen bien presente
esta circuns-, etcétera;
he visto dar muerte a una tortuga,
el agua contenida en su
era perfectamente límpida aunque
algo amarga; el agua del pericardio,
dicen que es muchísimo mejor…
Más veloces de lo que pudiera creerse:
los habitantes de las islas han marcado
a algunas, así han podido saber
que marchan ocho millas en dos días
(milla, minuto, hora, día, pie).
Más veloces de lo que pudiera, de lo que se, de lo que pu…
Yo mismo he vigilado una gran tortuga,
200 pies en diez min., 1200 por hora,
cuatro millas por día teniendo en cuenta.
Durante el celo más veloces
(¡más! ¡todavía más veloces!):
cuando están acopladas, el macho emite
un ruido ronco que puede oírse

Tortoises head for waterholes

to wallow in mud, drink gallons…
and dragging themselves to water always
by the same paths they build
broad and well-beaten highways out
from the centre of the islands… these great beasts
some speeding towards water
necks outstretched; others peacefully,
their thirsts slaked, returning.
When the tortoise arrives at the springs,
quite regardless of any spectator
it buries its head in the water, swallows
great mouthfuls, eight a minute,
the islands' inhabitants when they travel
through the valleys bear well in mind
these circums-, etcetera;
I've seen a tortoise being killed,
the water inside its
was perfectly limpid though
a little bitter; the water in the pericardium
people say is much sweeter…
Faster-moving than you'd think:
the islands' inhabitants have tagged
some of them, and found out
they can cover eight miles in two days
(mile, minute, hour, day, foot).
Faster-moving than you might, than you'd, you mi…
I myself have studied a tortoise,
200 feet in ten min., 1200 an hour,
four miles a day when you reckon it up.
In mating season faster still
(faster even! faster yet!):
in their couplings, the male emits
a hoarse roar audible

a 300, 400 pies.
La hembra jamás hace uso de la voz
y el macho únicamente
en la circunstancia que, etc. Así
—milla, minuto, hora, día, pie—
cuando se escucha ese grito se sabe
que.

300, 400 feet away.
The female never gives voice
and the male only
in the circumstance just, etc. So
(mile, minute, hour, day, foot)
when you hear that roar you know
what.

Nos reímos nerviosos, falsiflores

de la iguana, su error nos alumbra
con insegura
          luz.
                (Aparte, entre las grietas
del campo de basalto me mostrás
tres pálidas pasthebras.
—Así nació —decís—, de esta manera
nació una vez la vida—.

                Nosotros, los únicos testigos.)

We laughed nervously, the iguana's

falseflowers, its wrongness catches us
in faltering
        light:
                (Elsewhere in the cracks
of the basalt plain, you showed me
three pale blades of grass.
'So life began,' you said to me, 'in just this way
life once began.'

                The only witnesses ourselves.

Deportados, prisioneros políticos,

pero no prisioneros dentro de algo,
sino prisioneros fuera, afuera,
tomatelás, andáte lejos, fuera,
a la cruda intemperie de Etcétera.
Cerdos, cabras y perros que llegaron
junto a los presos o en otros intentos
de colonización, fallidos todos,
se volvieron salvajes, peligrosos:
por el contrario, pequeños dragones,
animales de antes del Diluvio
con sus crestas hirsutas, preparados
para asustar a un mundo ingenuo,
se acercan a las botas amarillas
de los viajeros, las confunden
con flores de retama.

Deportees, political prisoners

but not prisoners inside,
prisoners in the open, out,
shift your stumps, get moving, go
out into the foul weather of Etcetera.
Pigs, goats and dogs that arrived
with the prisoners, or on other
(failed) colonising expeditions,
turned wild, dangerous:
Contrariwise, little dragon-lizards,
antediluvian creatures
with their hirsute crests, intended
to frighten an innocent world,
nuzzle up to the voyagers'
yellow boots, taking them for
broom flowers.

El Museo Darwin

Monedas de un dios indiferente,
días como islas, cada uno de ellos
con su flora y su fauna,
separado uno de otro por la
noche; y en su silencio agudo, el paso
de un gigante que viene a traernos
el rarísimo don del presente.
Nada es más semejante
a un esqueleto humano que uno
de murciélago: a la hora de los huesos
todos iguales y el alma una cosa
cuya importancia sería fácil
—tratándose, como se trata, de uno mismo—
exagerar. Un museo muy años 60,
con fotos, grabados, el sol
filtrándose a través de ventanas
un poco sucias y una carta de Darwin
escrita en grandes helvéticas:
"Mirando esta tarde los pinzones
junto a la costa de Florián…"
Entre la acusada conciencia del pasado,
y la desmemoria,
entre distinguir y confundir
las hojas con la sombra de las hojas,
así existimos, esa fue la forma
que la felicidad tomó para nosotros.
Tampoco del reflejo
se puede saber
si se corre, o muere y nace
de nuevo en la superficie
violeta del mar.

The Darwin Museum

Treasure of an indifferent god,
days like islands, each one
with its own flora and fauna
cut off from each other by
night; and in their shrill silence, the advent
of a giant come to bring us
the rarest gift of time.
Nothing is more like
a human skeleton than
a bat's, the bones
are identical, and the soul something
whose importance might easily be
(in the case of oneself)
exaggerated. A very '60s museum,
with photographs, prints, the sun
filtered through grimy
windows and a letter from Darwin
in his bold sans serif:
'Observing the finches this afternoon
by the Florián coast…'
Between an acute awareness of the past
and amnesia,
between telling apart and confusing
the leaf and the leaf's shadow,
this is how we live, that was the form
of happiness we had.
Nor can we know
if the glare
is fleeting, or dying, or being
reborn on the violet
wave of the sea.

El único mamífero indígena,

un único ratón hallado en Chatham…
Aves terrestres, 32 especies
sin parecido con ninguna otra
de otra parte del mundo. Un gorrión
parecido a una alondra de América
Septentrional. Las otras 31
son: un halcón, dos búhos, un vencejo,
un reyezuelo, tres agachadoras,
(……………………………………….)
un papamoscas, una becasina,
y una codorniz que no difiere
de las americanas salvo porque
su plumaje es más oscuro y ralo
y es algo más pequeña. Mr. Gould
la considera diferente. Dos
especies de Cactornis (Simulácea
y Falsidón) se posan a menudo
en las flores gigantes de los cactos…

The only native mammal,

a mouse found on Chatham.
Land birds, 32 species
unlike any
anywhere else in the world. A sparrow
resembling the Northern American
skylark. The other 31
are: a buzzard, two owls, a swift,
a wren, three mocking-birds;
(................................)
a fly-catcher, a snipe,
and a quail differing only
from the American quail in that
its plumage is darker and sparser
and it is rather smaller. Mr. Gould
considers it distinct. Two
species of finch (Simulacea
and Falsidon) often alight
on the enormous cactus flowers…

La carta de Darwin

Mirando esta tarde los pinzones
junto a la costa de Florián
creo haber encontrado el extremo
de algo que podría conducirme
entre la variedad de los que viven
hacia el secreto de la vida.

Darwin's Letter

Observing the finches this afternoon
by the Florián coast
I believe I discovered
the end of a thread that could lead me
through the variety of living creatures
to the secret of life.

La figura 1 representa

el pico mayor de Geospiza,
la figura 3 el más pequeño...
van disminuyendo gradualmente...
mirando los pinzones se podría...
metas diferentes... Los dos búhos
son algo menores que etcétera,
palomas sigúl zorzal etcétera
vudpíquer vudcríper scáimer suift
sandpáiper sidsnáip cueil plóuver reil
scrímer sungréb stailgúl etcétera
etcétera sísquin táirant finch.

Figure 1 represents

the largest Geospiza beak,
figure 3 the smallest…
they gradually get smaller…
observing the finches one might…
different uses…The two owls
are a little smaller than etcetera,
doves sigúl thrush etcetera
vudpíquer vudcríper scáimer suift
sandpáiper sidsnáip cueil plóuver reil
scrímer sungréb stailgúl etcetera
etcetera sísquin táirant finch.

*Note: the last 5 lines are a list of English bird-names spelt pho-
netically for a Spanish speaker, i.e. vudpíquer/woodpecker*

Nos confunden con flores de retama,

dijo el capitán: comen flores de retama.
Las iguanas de tierra avanzaban
torpes hacia las botas amarillas.
Nos reímos nerviosos, falsas
flores de la iguana, el resplandor
de su equivocación nos alumbraba
con una luz dudosa.
(Aparte, entre las grietas
del campo de basalto señalaste
el pasto, tres hebras pálidas.
Así nació, dijiste, de esta manera
debió nacer, alguna vez, la vida.

Nosotros, los únicos testigos.)

They take us for broom flowers,

said the captain, they eat broom flowers.
The land iguanas torpidly
headed for our yellow boots.
We laughed nervously, false
iguana flowers, the splendour
of their error caught us in
a dubious light.
(Elsewhere in the cracks
of the basalt plain, you pointed to
the grass, three pale blades.
So life began, you said to me, in just this way
life once began.

                     The only witnesses ourselves.)

Epílogo de la segunda parte

Incluso si los peces consiguieran
la más perfecta adaptación acuática,
morirán todos si un cometa embiste
la tierra y los estanques se evaporan.
Pero el harapiento y viejo buster,
el pez pulmonado, que antes fue
el hazmerreír del clero en la piscina,
quizas salga adelante (y no porque
un juanete en la aleta de su abuelo
avisara a sus antepasados
que un cometa andaba por ahí
pensando hacer impacto con la tierra).
Podría ser que buster y sus hijos
prevalezcan debido a que un rasgo
aparecido muchísimo antes
para un uso distinto permitió
fortuitamente la supervivencia
durante un cambio súbito en las reglas.
Y si somos el legado de buster
y el resultado de otros mil cambios
igualmente casuales, ¿cómo es
que pensamos que nuestra existencia
y nuestra mente son inevitables,
necesarias, o incluso probables?

Epilogue to the Second Part

Even though fish have become
perfectly adapted to water,
they'll all die if a comet crashes
to earth and the ponds evaporate.
But the ragged old buster,
the lungfish, who once was
the laughingstock of the pool,
could well survive (and not because
a bunion on his grandpa's fin
warned his ancestors
of an approaching comet
about to smash into the earth).
Perhaps buster and his descendants
will prevail because a trait
developed much earlier
for a different purpose fortuitously
permitted their survival
during a sudden rule-change.
And if we are buster's legacy
and the result of another thousand
similarly random changes – how
can we think our existence
and our minds are ineluctable,
necessary, or even probable?

TERCERA PARTE

TORTUGAS, LAGARTOS, IGUANAS

Las tortugas maldicen su condición. Fantasías y experimentos en torno al instinto de conservación, el origen de las especies, la naturaleza del arte, etc. Una partida de naipes en la cubierta. Varios tratan de burlarse de Darwin.

PART THREE

TORTOISES, LIZARDS, IGUANAS

Tortoises curse their fate. Fantasies and experiments to do with the instinct of self-preservation, the origin of species, the nature of art etc. A card-game on deck. Certain parties attempt to pour scorn on Darwin.

Puerto Baquerizo

¿Pero cómo fabrica la noche
esos pétalos luminosos, rosados?
¿Qué reservas de luz tienen los árboles
que flanquean nuestro paso?
Los pelícanos no saben geometría, las estrellas
de mar no cuentan hasta cinco: cada uno, sin embargo,
vive en su forma, de una forma, sobre el techo
de una dársena o en el fondo del mar.
"Creo haber encontrado, creo
haber
encontrado":
y un mundo de emociones morales
se derrumba ante el hallazgo. Hace bastante menos
de un millón de años, van y vienen fichas sobre el paño
de una mesa de juego, a oscuras
hurgan los pinzones entre las piedras de la playa
adaptando su pico al alimento disponible.
Las formas mutan en un paño, un sueño,
y en ese sueño ruedan
"oh" y "ah", dos figuritas que vendrían
a ser nosotros en puertos
de nombres raros: Baquerizo,
Fernandina, Sullivan Bay.

Puerto Baquerizo

How on earth does the night prepare
those luminous pink petals?
What reservoirs of light possess
the trees we pass between?
Pelicans know no geometry, starfish
can't count up to five, yet each one
lives in a shape, from a shape, on a roof
by the wharf or at the bottom of the sea.
'I believe I discovered, I believe

I

discovered':
and this discovery demolishes
a world of moral feeling. Much less
than a million years ago, cards come and go on the felt
of a games table, in the darkness
finches peck among the pebbles on the beach
adapting their beaks to available prey.
Shapes mutate on a felt-square, a dream,
and through that dream move
'oh' and 'ah', two figurines who would become
you and me in harbours
with strange names: Baquerizo,
Fernandina, Sullivan Bay.

Cuenta Darwin que tiraba de la cola

de una tortuga con todas sus fuerzas
cuando ella se dio vuelta y lo miró
como diciendo: "¿Por qué me hacés esto?".
El sabio, que a la sazón tenía
26 años, pensó que era un poco
ridículo contestarle. Además
¿qué podía decirle?

Darwin tells us he was pulling at a tortoise's

tail as hard as he could
when she turned and looked at him
as if to ask: 'Why are you doing that to me?'.
The sage, who was twenty-six
at the time, thought it was a bit
silly to answer her. Besides –
what could he say?

Iguanas de tierra

"Son mansas", dijo el capitán,
y dijo "se acercan a las botas
amarillas creyendo que son
flores de retama: eso comen,
las engaña el color de las botas".
Más o menos así fue que dijo
el capitán del barco fletado
por la Economic Galápago Tours,
ocho pasajeros, capitán,
y un marinero que a la vez hace
tareas de cocina. Veamos:
para empezar un vuelo directo
de Quito a Baltra, la pista ocupa
la isla entera, de ahí en remolcador
a Baquerizo, esa noche se duerme
en una casa vacía entre árboles
de pétalos enormes, portentosos
floreros en la calle, de mañana
sale el barquito portando diez
homínidos y algunas decenas
de cucarachas también marineras.
"El mundo del revés —así dijiste,
y hoy parecería que me toca
ser tu escriba y tu escoliasta—
el mundo del revés —dijiste— perros
salvajes y dragones mansos" (sin
saberlo repetías lo que Darwin
había dicho cien años atrás).
En la mesa de juego de un hotel
misérrimo de Quito, habíamos
ganado el dinero del avión
y el remolcador y el barquito plenty
of cucarachas de la Economic

Land iguanas

'They're tame,' said the captain,
and he said 'they head towards yellow
boots mistaking them for
broom flowers, which they eat,
they are fooled by the colour of the boots.'
These are more or less the words
used by the captain of the Economic
Galápago Tours charter boat,
eight passengers, captain
and a crew member who doubles
as cook. Let's see:
to start with a direct flight
from Quito to Baltra, the landing-strip
takes up the whole island, from there
in a tugboat to Baquerizo, that night
we sleep in an empty house surrounded
by huge-petalled trees, elaborate
street-vases, in the morning the little boat
sails carrying ten hominids
and dozens of cockroaches
also sea-faring.
'A back-to-front world,' you called it,
and today it seems my fate to be
your scribe and scholiast,
a back-to-front world', you said 'wild
dogs and tame dragons' (unwittingly
you were echoing what Darwin
had said a hundred years earlier). At the
gaming-tables of a dive in Quito
we had won enough to pay for
our flights, the tug, and the little
plenty-of-cockroaches boat of Economic
Galápago Tours, ten and twenty centavo

Galápago Tours, fichas de diez, veinte
centavos, pero el ocho al salir
ocho veces seguidas, nos dio
lo necesario para pasarnos
dando vueltas a las islas, ocho días:
el infinito puesto de pie, el cubo
de 2, la redoblada potencia
de la más simple de las pluralidades,
la más simple de todas las apuestas
contra la muerte, multiplicada
por sí misma una vez y otra vez:
el clavo recontra remachado
de lo imposible, nuestra economic versión
del triunfo sobre aquello que no es
ni puede ser, del viaje
al comienzo del tiempo, pero el tiempo
iba a comerse también el viaje
y si no mirá… mirá cómo
se acumulan ahora estas, etc.,
sin solución de continuidad,
sin poder, sin lograr, sin más resultado que…
T-r-r-r-r, se rompió la cuerda
del juguetito que tenía en la cabeza.
Hay uno que dice que otro
que fabricaba manchas
tiene que haber pensado
(no una vez, varias) que estaba
volviéndose loco ¿ustedes no?
¿o acaso no se miraron nunca
en el espejo? Es ridículo, es un poco ridículo
tratar de hablarles, como correr atrás de las tortugas,
como tratar de hablarles
a las tortugas o a ustedes.
Es un poco ridículo
y la cosa se me escapa, pero qué,

chips, but the number eight coming up
eight times running, gave us
what we needed to spend eight
days touring the islands, eight days:
infinity turned upright, the cube
of 2, the simplest of plurals,
redoubled in power,
the simplest of all wagers
against death, multiplied
by itself once and a second time:
the nail hammered-in
of the impossible, our economic version
of triumph over what is not
and cannot be, of the journey
back to the beginning of time, but time
was to eat away at the journey too
and if not look... look how
these etcs. are piling up
without interruption,
they can't, they can't manage, nothing comes of it but
Cr-a-a-a-ck the cord of the little toy
I had in my head has broken.
One man says that another man
who splotched the canvas
must have thought
(and not just once) he was
losing his mind – not you?
or maybe you've never looked at yourselves
in a mirror? It's ridiculous, a bit ridiculous
trying to talk to you, like chasing after tortoises,
like trying to talk to them,
or trying to talk to you.
It's a bit ridiculous
and the thing escapes me, but what thing,
it's by no means certain the escaping

ni siquiera es seguro que la cosa
que se escapa estuviera allí. Escaparse
se escapa pero no es seguro
que estu vierayí yi vierayí stuyi yi yi…
¡Oh, no, otra vez, no! Cascar una nuez
no es realmente un arte, y en consecuencia
nadie se atrevería a congregar
un auditorio a fin de entretenerlo
cascando etcéteras.

thing was ever there. Well, something
escapes, but it's not proven
twas evver evver thereatall atall…
Oh no, not again! Shelling a nut
isn't really an art, and consequently
nobody would dare to assemble
a multitude to watch him
shelling etceteras.

El informe

"Al parecer —dice un informante de la Royal Society—
la Naturaleza ha querido engañar a Sir Charles
con su vistosa variedad: pero nuestro corresponsal
sin dejarse confundir por tanto pico, trompa,
belfo, hocico, cara,
ha descubierto que en todos, sapos, moscas,
orquídeas y humanos late
un mismo y veleidoso instinto
de conservación. Esto torna innecesaria
la existencia de Dios, a la sazón reemplazado
por las tediosas notas del botánico;
y en vez del Designio Divino, lo que se nos ofrece
es un ciego combate a garra y diente
del que los mamíferos no salen mal parados
pero que también consiente el ala que sirve
para huir, la pequeñez que facilita el esconderse.
Es afortunado que por las dudas, por si se arrepintiera,
la Evolución haya dejado por el sendero un hilo
del cual Sir Charles cree haber encontrado la punta.
Tal vez si nos lo trae nos sirva
para coserle un chaleco de loco
y un lindo bonete de blasfemo
y dotado de estos enseres, devolverlo
a la isla pirata donde puso
a punto su sistema."

The Report

'Apparently,' remarks a member of the Royal Society,
'Nature sought to deceive Sir Charles
with its gaudy variety: but our correspondent,
unfazed by so many beaks, trunks,
snouts, muzzles, physiognomies,
has discovered that in everything, toads, flies,
orchids, humans there beats
one and the same instinct for
self-preservation. This renders the existence
of God unnecessary, conveniently replaced
by his tedious botanising;
and instead of Divine Design what we are offered
is a blind struggle by tooth and claw
from which mammals don't come out too badly
but which also allows for wings
to fly away with, and diminutiveness, the better to hide.
It's fortunate that, just in case, lest it repent,
Evolution left a thread lying around
and Sir Charles believes he's found one end of it.
Perhaps if he brings it here we could use it
to sew him a straitjacket
and a fine blasphemers' bonnet
and send him back in this rig
to the pirate island
where he devised his system.'

Hermoso lodo oscuro, tras meses

de no ver otra cosa que el suelo
calcinado del norte de Chile.
Las tortugas, único alimento…
su número empero disminuye…
en otros tiempos, barcos corrientes
se llevaron de una sola vez
seiscientas, setecientas tortugas…
una sola fragata, doscientas
                   en un día.

Beautiful dark mud, after months

looking at nothing but the charred
soil of northern Chile.
The tortoises, the only source of food…
their number nonetheless diminishing…
in other times, the sailing ships
made off with six or seven hundred
tortoises at once…
just one frigate, two hundred
                              in one day.

Otro detractor

Su sistema por otra parte está
       desprovisto de belleza, si no fuera
por sus otros defectos bastaría
       con éste para tornarlo indigno
de atención y de crédito: números,
       alturas y mareas, lucha
por la vida, este hombre no puede
       al parecer pensar en otra cosa
que en ángulos, medidas, egoísmo
       sin fin entre el rojo zigzag
de los volcanes apagados.

Another detractor

His system moreover lacks
     all beauty, even without
its other defects that would suffice
     to make it unworthy
of attention or credit: numbers,
     elevation, tides, struggle
for existence, this man is, it seems,
     incapable of reflecting on anything
but angles, measurements, endless
     ego amid the red zigzagging
of extinct volcanoes.

Pero es que no se trata, ¿no?

ni de berdad ni de belieza, ¿no?
sino de seiscientas, setecientas tortugas
de una vez, doscientas
en un solo día.
O sea, un animal enorme, ¿no?,
algo que pesa bastante, más de doscientos
kilos, y a su vez doscientas
en un solo día: arreadas a bordo por
planchones de madera o hombreadas
entre dos o tres, en redes. Vivas, a fin
de que vivan, les damos pasto
de comer y cada día
de los doscientos que siguieron
apaleamos una y la comemos.
Rompiendo antes la caparazón: obvio.
Un animal extremadamente lento, pero apto
para la supervivencia.
Hasta que llegamos nosotros:
dispuestos a acarrear
doscientas en un solo día.
La caparazón se dispone en hexágonos y cada
hexágono ajusta con los otros, con pentágonos
no hubieran podido, cómo
y cuándo aprendieron geometría.
El caso es que nos llevamos doscientas
en un solo día, escandalosamente fáciles
de cazar, no tenían previsto, se ve, nuestra visita,
tenían hexágonos, tenían su técnica
lentoacorazada de vivir, o sea:

But byooty or trewth are

not the point, are they?
The point is six hundred, seven hundred tortoises
all in one go, two hundred
in just one day.
In other words, a huge animal, yes?
quite a heavy one, more than two hundred
kilos, and two hundred
in just one day: herded on board
up wooden planks, or swung
from two or three men's shoulders in nets. Alive,
to keep them alive we feed them on
grass and every day
for the next two hundred days
we beat one to death and eat it.
Smashing its shell first: obviously.
An extremely slow-moving animal, but adapted
for survival.
Until we came along:
willing to round up
two hundred in just one day.
The shell is formed of hexagons and each
hexagon fits into the others, with pentagons
it wouldn't have worked, how
and when did they learn geometry.
The fact is we made off with two hundred
in just one day, scandalously easy
to catch, they clearly hadn't seen us coming,
they had hexagons, they had their slow-shell
technology for life, in other words:

(HABLAN LAS TORTUGAS)

Me como el pasto que no se mueve, dado lo cual,
maldita la falta que me hace
andar saltando como una liebre,
y si algo me ataca me meto
para adentro, me duermo una siesta
de dos o tres siglos mientras
el otro se aburre y se va:
por pico duro que tenga los dientes se le van a quebrar
contra este carapacho, y peso lo suficiente
como para que no pueda ni pensar en levantarme
y romperme dejándome caer
desde quinientos metros: que pruebe el plumífero
levantar vuelo conmigo entre sus garras, si
lo que es menos probable todavía,
encontrara de dónde agarrarme. ¿Se entiende?
Peso y falta de ángulos, dureza y retracti
bilidad. Pero
(y "pero" es el verdugo de todo lo que amamos)
¿quién se iba a imaginar la llegada de estos
cretinos implumes, con dedos articulados, el pulgar oponible, etc.?
No todo
puede preverse en esta vida, el caso
es que asaz nos divertimos sobre esta planeta
en esta pedaza del planeta hasta
que, etc., etc., etc.
En cualquier caso, admitirán que no se trata
de belieza, el estilo que habíamos
elegido era bastante belio, lo hacíamos con bastante
gracia, por lo menos nos parecíamos
graciosas a mismas nosotras y pulvus
nos echábamos que durraban semanas: ni belieza
ni éxtasis faltábannos. Oh, mis amigos, habláis de r-rimas
pero no olvidéis que es la cruda

(THE TORTOISES SPEAK)

I eat grass, which doesn't move, so
why the devil do I need
to lollop along like a hare,
and if something attacks me, I go
into my house, I take a nap
for two or three centuries, meanwhile
the enemy gets bored and goes away,
no matter how mighty its teeth they'll
shatter on this carapace, and I'm weighty enough
for it to have no hope of lifting me
and dropping me from a great height: Let our feathered
friend try to take off with me in its claws, even if,
unlikelier still,
it could get a purchase on me. See?
Weight and no right-angles, resistance and retracti-
bility. But
(and 'but' is the murderer of everything we love)
who could have dreamt of these unplumaged
cretins turning up, with their finger-joints and opposable thumbs
etc.
Some things in life you can't predict, the truth is
we had a fine old time on this planet,
in this corner of the planet until
etc., etc., etc., etc.
In any case you'll admit byooty is
beside the point, the style we'd
adopted was rather byootiful, we carried it off
quite gracefully, at least we seemed
graceful to one another and our
fucks could last for weeks: byooty
and ecstasy aplenty. Oh, my friends, you talk of r-rhyme
but don't forget it's harsh
rreality that's the problem: a carrapace

intemperrie el problema: un carrapacho
de acero hubiéramos debido
tener para defendernos
de la intemperrie cuando adoptó la forma
de estos duros cretinos:
pero hubiera
sido técnicamente imposible: necesitábamos algo
que pudiera crecer, me refiero
a que el carapacho tenía que empezar
siendo más bien chico, caso contrario
hubiéramos debido nacer enormes, lo cual
plantea nuevas dificultades técnicas
(estas sí, insalvables): en suma, nuestro talón
aquilino teníamos y he aquí que:
uno, vino a saberse que era necesario
que lo tuviéramos, dos,
duramos hasta que unos cretinos
lo descubrieron. A fin de
comernos; esa es otra; hubiera sido
harto prudente saber a mierda
a fin de que los implumes no tuvieran deseo
de comernos, lo que no entiendo
es cómo se les cruzó por la cabeza
que podríamos, que podrían: es que lo prueban
todo, el agua del pericardio ¡el agua
del pericardio!, auténticos
carniceros buscando como perros
hambrisedientos qué mierda comer.
Gustarles, ese fue el problema,
aparecer ante los ávidos ojuelos
del bípedo como apetecible
menú. ¿Por qué
no se comen entre ellos? Me temo
que también, que incluso. ¿Y no sería posible
ser nomás una idea, algo
indiges-incorrup?

of steel is what we should
have had to shelter us
from rreality when it came in the form
of these cruel cretins:
but it wouldn't
have been viable technically: we needed something
that could grow, I mean
the shell had to be quite
small to start with, otherwise
we'd have had to be born huge, which
presents new technical difficulties
(and clearly insuperable ones): in short, we had
our Achilles heel and the thing is that:
one, it came to be known about,
two,
we survived until a bunch of cretins
came to know about it. In order
to eat us; and that's another thing; it would have been
a useful precaution to taste like shit
so the unplumaged wouldn't feel like
eating us, what I don't understand
is how it crossed their mind
that we could, that they could; the fact is they'll try
anything, the pericardial fluid, the pericardial
fluid! utter
butchers like ravening/slavering
curs seeking out some shit to eat.
We were attractive to them, that was the problem,
their piggy little biped's eyes saw in us
a tasty morsel. Why don't they
eat each other? I fear they do,
already, even. And what if we
were only an idea, something
indiges-incorrup?

No está mal. No una tortuga ser, sino la mera idea
de una tortuga, ahí sí, ahí seguro
que no se tomaban el trabajo de comernos, oh, sí, mucho
mejor todavía que saber a mierda. O sea: volverse
más fáciles de transportar pero en el mismo grado
y por lo mismo, menos interesantes. No saber
a nada, impalpa insonda
bles ser: inodor, incolor, insipid
as, imposibl, impensabl, impasibl
es ser. Con lo que llegamos entonces a
nuestro error capital, inicial:
la tangibili la palpabili la inteligibili
dad. El peso, que fue nuestro ingenuo remedio
contra la pájarocaptura, transformóse
en nuestro problema a la hora de la
implucaptura. Ironía, etcétera.
En todo caso no vengan ahora
con la belieza, con
el amanecer en las islas remotas, la línea
roja del sol
sobre conos de volcanes apagados.

That's a good one. Not a tortoise creature, but the mere idea
of a tortoise, then surely
they wouldn't bother eating us, oh, yes, much
better even than tasting like shit. So we'd
be more portable but, at the same time,
and in the same way, less interesting. Tasting
of nothing, an impalpa/unfathoma
-ble creature. an odour/colour-less, insipid,
impossibl unthinkabl impassibl
-e creature. And here we come at last to
our fatal initial error:
tangibili palpabili intelligibili
-ty. Our weight, which had been our naïve resource
against birdcapture, became our problem
when it was a matter of
unplumagedcapture. Ah Irony, etcetera.
Anyway don't come to us with your
byooty, with
your sunrise over remote islands, your red
stripe of sun
on the cones of volcanoes long-extinct.

Entre el zigzag de los volcanes apagados

llega tu mano, repartís los naipes:
       como si la aspereza del cartón
se tornara irreal y las cartas
       al salir de tus dedos, transparentes,
como si dejaran en ellos
       rugosidad y solidez, sentido,
no entiendo el juego que me llega, entiendo
       que me ha llegado juego pero no
qué juego: además, si todos ven
       mis cartas, cómo puedo jugar.

Amid the zigzagging spent volcanoes

it's your deal, you distribute the cards:
   as if the stiff cardboard
were magicked and the cards,
   as you dealt them, went transparent,
as if their materiality and meaning
   stuck to your fingers,
I don't understand the hand I've been dealt,
   I understand I've been dealt a hand,
but not which cards: besides, if everyone
   can see my cards, how can I play.

Me quedo quieto no porque no pueda

moverme yo sino por la parálisis
simultánea de la opacidad
                    y del sentido: te miro

desesperado no parece que lo notes
parece no parece me parece
                    que acá le dicen brillos al diamante.

Como quien percibiera dormido el cuerpo
inmóvil sin entender que se está quieto
                    porque uno duerme:

y le ordenara en el sueño moverse,
sin lograr que obedezca estando,
                    como está boca abajo dormido:

en un cuarto feo azul
que por suerte o por desgracia uno
                    no llega a ver

estando como está dormido,
estampado en la cama creyendo
                    que se quedó paralítico que

la cama horizontal es un muro
vertical o peor una barrera
                    invisible

como el cuarto feo y azul
que por suerte o por desgracia uno
                    no llega a ver

I stay still not because I can't

move but because of the simultaneous
paralysis of opacity
              and sense: I gaze at you

in despair it doesn't seem that you notice
it seems it doesn't seem it seems to me
              that here they call diamonds sparklers.

Like a sleeper who perceives his body
immobile without understanding that if it doesn't move
              it's because he's asleep:

and in his sleep orders it to move
without success, given that it is,
              as it is, face-down, asleep:

in an ugly blue room
which sadly or happily he
              can't see

being as he is asleep,
imprinted on his bed believing
              he's paralysed that

the horizontal bed is a vertical
wall or worse an invisible
              barrier

like the ugly blue room
which sadly or happily he
              can't see

soñando como sueña que está
paralítico y al fondo un zigzag
                de volcanes recién apagados.

dreaming as he is dreaming he's
paralysed against a backdrop
                    of zigzagging spent volcanoes.

Necesito una línea

una línea verdaderamente buena,
tan larga que derecha en el Universo no quepa
zigzaguee relampaguee se curve,
se cierre sobre sí misma en una O
que crezca y reverbere palpite
perfecta y mayúscula como
el anillo de Saturno
el cinturón de astero-OO-oó
OO-OO
O-O
O
oóides: el espacio entero que se curve,
el espacio-tiempo como el espejo
de tu polvera donde nos miramos
asombrados las caras de tortugas
donde con una bonita
tecnodiseñada gillette que a su vez nos mira
por sus ojitos turbios disponemos
dos tres cuatro
cinco líneas.

I need a line

a really good line,
so long it won't fit in the universe
it zigzags, lightning-flashes, curves
encloses itself in an O
that grows reverberates palpitates
perfect and capital as
the rings of Saturn
the astero-OO-oo
OO-OO
O-O
O
ooid belt: the whole of space curving
space-time like the mirror
of your compact in which we gaze
in surprise at our tortoise faces
in which with a handsome
techno-designed gillette that also looks back
at us through its cloudy eyes we form
two three four
five lines.

Una por una por una – y cada una

de un golpe
y gloriosamente adentro. Cierta valentía –
más bien cierta temeridad – cierto deseo
de pelea – cierta inconsecuencia
entre los medios y el fin – por ejemplo
dejar correr el agua de la ducha
entre los dedos – pensar en un pato –
larga y detalladamente – un pato
con su forma y sus colores – después pintar
un círculo amarillo que no tiene nada que ver
con el presunto pato – se informa solamente
de la mecánica de la reflexión acerca del pato –
y por ahí ni siquiera sino simplemente
se beneficia el círculo de la contigüidad de las experiencias
de bañarse y pintar – por ahí ni siquiera.

One by one by one – and each one

suddenly
and gloriously inside. A certain courage
or rather a certain recklessness – a spoiling
for a fight – a disconnect
between means and end – for instance
dribbling the shower water
between one's fingers – thinking about a duck –
hard and meticulously – a duck
with its shape and its colours – then painting
a yellow circle that has nothing to do
with the presumptive duck – instinct solely
with the mechanism of thought about the duck –
and maybe not even that but the circle
profits from the contiguity of the experiences
of showering and painting – maybe not that either.

A dos mil pies, una choza

de cazadores de tortugas…
fui dos veces, una noche dormí
allá arriba, no podía despertar,
me tiré de lo alto de un volcán
apagado, y todavía… fondo blanco
de sal cristalizada… tres pies, cuatro pies
quinientos pies, de fondo, de alto, el eje,
la grasa, la escala, los grados,
el diámetro, las paredes, las plantas,
las púas, los tentáculos, el color
verde, raro… hace algunos años,
amotinados de un ballenero asesinaron
a su capitán;
vi su cráneo entre los matorrales.

At two thousand feet, a hovel

for tortoise-hunters...
I visited twice, one night I slept
up there, I couldn't wake,
I threw myself off the top of a spent
volcano, and yet... white bed
of crystallized salt... three feet, four feet
five hundred feet, deep, high, the axis,
the blubber, the scale, the degrees,
diameter, walls, plants,
spikes, tentacles, the colour
green, curious... a few years since
mutineers from a sealing-vessel murdered
their captain;
I saw his skull lying in the bushes.

Un cráneo, ¿no?, y uno pensaría

que en fin, ¿no? al fin de cuentas,
pero el tipo no,
no se para a, como en un sueño,
como manchas de color
sobre una superficie soñada,
se sabe que son manchas de color
sin saber exactamente qué color,
se tiene juego, ¿no?, ¿pero qué juego?,
poseído, ¿no?,
por el demonio de los números,
las pequeñas observaciones,
anda a caballo, sube,
mil dosmil pies, una noche entre los cazadores,
espantoso calor sin una queja, ¿no?,
loco, apasionado, y qué plu
ma, ¿no?, el bípedo implume. Veamos:
"Coloqué un termómetro
en la arena negra
en un instante subió a 137°:
no sé a dónde habría subido,
la escala terminaba allí…
incluso calzado muy recio, imposible
caminar sobre la arena".

A skull, right?, and you'd think

after all, right?, at least he'd,
but the man doesn't,
he doesn't stop to, as in a dream,
like coloured stains
on a dreamt surface,
you know they're coloured stains
but not quite what the colours are,
you have a hand, right?, but what cards?
possessed, right?,
by the demon of numbers,
little observations,
he rides, up the mountain,
1,000 2,000 feet, a night with the hunters,
scary heat uncomplaining, right?,
crazed, passionate, and what a quill,
right?, the unplumaged biped. Let's see:
'I placed a thermometer
in the black sand
it immediately rose to 137°:
how much further it'd have risen
I don't know, it wasn't graduated any higher...
even in thick boots, impossible
to walk on the sand.'

Es notorio que ciertas alimañas

tras cambiarse de peces a reptiles
y pasar de reptiles a mamíferos,
un día comprendieron el error
que estaban cometiendo y emprendieron
el regreso al pescado: el celacanto
hizo el proceso entero, la ballena
da la impresión de que recién empieza.
Los árboles entonces podrían ser
hombres o mujeres que avanzaron
aún más en el camino de regreso:
los dibujos de árboles con brazos
levantados, y ojos en los nudos,
y bocas en las grietas, serían
más realistas de lo que parecen.
Y Nietzsche, cuando dice que el árbol
es la forma más alta de la vida
no haría otra cosa que darle otra vuelta
de tuerca al eterno etcétera.

Some animals, it's well known,

       after changing from fish into reptiles
and from reptiles into mammals,
       one day realised the mistake
they were making and undertook
       the regression to fishhood: the coelacanth
completed the whole process, the whale
       gives the impression of only just starting.
So the trees could be men and women
       even further advanced
in their regression:
       paintings of trees with waving
arms and eyes in their knots
       and mouths in their fissures could be
more true-to-life than they seem.
       And Nietzsche, when he says
the tree is the highest form of life,
       would only be supplying one more
turn of the screw to the eternal etcetera.

Lagartos

No más ver su cabé zanchicorta
y susgá rasdigual hongitud
Mis Terbé lauguró que susábitos
tenían muy keserpar ticulares

y difrir enmuchó deldosú
parienté masproxí maliguana.
Sanimal repugnán tegrisú,
de movimién toslén tosistú.

Albermal, sin embargo, no hay,
que creer que salí mentan sussex:
Essex, un gropesís o sietasque
rosoptiles tendidos al sol

sorlas Negro sasrukas sus miembros
y suspó tentesgá rasestán
admirá blementiá daptadós
pararrás trarse sobre las má

sasdelá vagrietá dasrugó.

Lizards

Assoon he sore wits brawd
shortedd an dits clause o' vequal lenth
Miss. Terbell did used its culiar
waze

veir diffrunt from its nearer
strelative th' eggwanna.
An ijous mukky creature
stoopids luggish in mocean.

Button Albermale, dontee thunk
thayfidon phish,
sa grupev siksasen orridrep
tiles lay doubt innersun

onna blakrox there limsand
there powful clausa
wella daptid
for crorlin gontha the ruggy dand

fishherd massasov larva.

Con un paso maquinal

de juguetes de cuerda
se acercaron a tus botas las iguanas:
y allí quedaron rebotando quedamente
contra el amarillo.

Jerkily

like wind-up toys
iguanas sidled up to your boots
and stayed there bouncing tranquilly
off the yellow.

Hombres prisioneros, príncipes encantados

esperando un beso, miran como diciendo "No te das
cuenta,
mirame a los ojos, acaso no te das cuenta, o acaso no te
das cuenta
o acaso porque po-
dés
agarrarme de la cola, te creés ¿qué te
creés?,
o acaso sólo si te agarro y te mato empezarías a pensar que soy
alguien, valgo algo,
pero para entonces estarías muerto y no pensarías más
nada."
¿No serán hombres encantados, objeto de una experiencia
tipo doctor Moreau, pero al revés, no animales
vueltos humanos sino hombres injertados
con pelos y escamas, las articulaciones
puestas al revés, los dedos estirados?
(Se consigue dejándolos colgados
de una argolla tres o cuatro
siglos, entonces los dedos
se adaptan para arrastrarse sobre
masas de lava agrietadas y rugosas, y
las uñas se trabajan con lima   hasta que sean
ganchos, y los dientes se afilan   como en ciertas
tribus africanas, y se les pega escamas   con gotas de cemento).

Imprisoned men, enchanted princes

waiting to be kissed, they gaze as if saying 'Can't you see,
look
into my eyes, perhaps you can't see, or perhaps
you really can't see,
or perhaps, because
you can
grab me by the tail, you think – what do you
think?,
or perhaps only if I grab you and kill you you'd start to think
I'm someone, I'm worth something,
but round about then you'd be dead and not thinking
anything anymore.'
Couldn't they be enchanted humans, the object of a Dr. Moreau-
type experiment, but the other way round, not animals
turned into humans but humans with fur and scales
grafted onto them, their joints
turned inside-out, their fingers elongated?
(You do it by leaving them hanging
from a hook for three or four
centuries, then the fingers
adapt to crawling over
masses of fissured and rugged lava, and
the nails are filed down   until they are
claws   and the teeth are sharpened   as in certain
African tribes, and you stick scales on them   with drops of cement.

Un experimento

He abierto muchísimos:
Normalmente no tiene
casi siempre repleto
que crece en forma de hojas
bien puede ser fatal
parece que no tienen
pero cuando se asustan
Parece que no tienen

no sé qué hacer con ellos.
su estómago está
finas, rojas y oscuras;
de un nuevo enemigo
tengo razones para
era gracioso y rápido
así probablemente.
tan lejos como pude.

Yo arrojé uno de esos
lagartos muchas veces
a la orilla trataba
Quizás esa aparente
estupidez pudiera
el fondo del estanque
A ese mismo lagarto
esto lleva a pensar

lo atrapé muchas veces
a un estanque profundo
al sitio en que yo estaba.
en el mar es posible
tocando con sus patas,
bien puede ser fatal.
fijo y hereditario
tan lejos como pude.

Muy fácilmente hubiera
al agua, pero nada
bien puede ser fatal
que le dice que la
presa del tiburón
momento no lo sea:
tocando con sus patas,
que le dice que la

idea de morder
nadó cerca del fondo
pero siempre volvía
para una especie si
que crece en forma de hojas
mientras que cuando está
hay en él un instinto
tan lejos como pude.

An experiment

I opened the stomachs of several
It doesn't generally have
largely distended
grows in foliaceous expansion
can well be fatal
they do not seem to have
but when frightened
they do not seem to have

I don't know what to do with them.
its intestines are
thin, a dull red;
of a new enemy
I should think
it was graceful and rapid
hence probably.
as far as I could.

I threw one of them
lizards several times
near the edge it tried
Perhaps this apparent
stupidity might
the bottom of the pool
This same lizard
I have reason to believe

I several times caught it
into a deep pool
to the spot where I stood.
in the sea it may
aiding itself with its feet,
can well be fatal
fixed and hereditary
as far as I could.

There could very easily be
into the water, but nothing
can well be fatal
that tells it that the
prey to the shark
for the moment is not:
aiding itself with its feet,
that tells it that the

any notion of biting
it swam near the bottom
but it invariably returned
for a species if
grows in foliaceous expansion
whereas when it is
urged by an instinct
as far as I could.

Epílogo de la tercera parte

De las lagunas irradian los senderos
que marcan yendo y viniendo las tortugas:
una estrella, un dibujo resistente
como el recuerdo de un crimen o el misterio
de los misterios:

en el origen vendría a haber un cuello
largo, ansioso, tendido hacia adelante:
en el origen tendríamos entonces
la voluntad de vivir ¿o no era así?
¿o es una proyección

de un rasgo humano sobre un proceso ciego,
indiferente? ¿O en el aire húmedo
saltó una vez por error la chispa eléctrica
de una voluntad que se negó a pasar,
que no quiso extinguirse?

Azar, un dado marcado por los árabes
con una flor de azahar. ¿Pero qué es peor:
ser un recurso usado por los monos
para prosperar, o el golpe de unos dados
marcados con flores?

¿Pero no son también los monos producto
de una tormenta que arrastra a las flores
y a cuanta cosa sólida o semi
quiera entregarse al trueno, y si no quiere
lo mismo da?

Epilogue of the third part

The tortoises' broad and well-beaten paths
branch off in every direction from the wells,
a star, a design as enduring
as the memory of a crime or the mystery
of mysteries:

in the origin would come into being
an anxious outstretched neck:
in the origin we would after all possess
the will to live, or, wasn't that the case?
or is that a projection

of a human trait onto a blind indifferent
process? Or once mistakenly
did the electric spark of a will refusing
to die, loth to be extinguished,
vault into the humid air?

Chance, a dice imprinted by the arabs
with an orange-blossom. But which is worse:
to be a resource used by monkeys
in order to prosper, or the roll of a dice
with flowers on it?

But aren't the monkeys also the product
of a storm that sucks up flowers
and whatever other bulky or semi-bulky item
abandons itself willy nilly
to the thunder?

Un golpe de dados: el mono; otro golpe
al mono se le ocurre hacerse hombre;
un golpe más, prospera ese capricho.
Ridículo, como todas las cartas
de amor, como todos

los sentimientos esdrújulos. ¿Pero
qué nos trajo, sino el ocho saliendo
en forma ridícula ocho veces
en la ruleta pobre de un escuálido
hotel de Quito?

Fichas rosas y rojas y amarillas,
fichas de veinte centavos, increíble,
ocho veces el pleno, pero el hecho
de que quisiéramos —y es una esdrújula
otra vez: ridícula—

de que quisiéramos, decía, venir,
¿no es también un azar, que conjuguemos
ese plural de la primera persona
no es casual?
¿No es ridículo?

La voluntad no puede explicar nada
porque no hay nada más raro que ella misma,
sería como tratar de explicar
una cosa simple a través de cosas
complicadas.

Quiero: la voluntad, ridícula. La última
voluntad, se dice, como si el tipo,
si pudiera elegir no elegiría
justamente que su voluntad no fuera
la última.

A roll of the dice: the monkey; another roll
the monkey resolves to become human,
yet another roll, his caprice succeeds.
Ridiculous, like all love-letters,
like all

antepenultimate sentiments. But
what brought us here, if not the eight
ridiculously coming up eight times
on the wretched roulette of a sordid
Quito hotel?

Pink red and yellow chips
twenty cent chips, incredible,
eight times en plein, but that
we shóuldhavewished – and that's another
antepenultimate: ridiculous –

that we shóuldhavewished, I was saying, to come –
and isn't it also chance that we conjugate
that first person plural
isn't it happenstance?
isn't it ridiculous?

Will can't explain anything
because it is in itself the rarest thing,
it would be like trying to explain
a simple thing in terms of
complex things.

I want: will, ridiculous. The last
will, we hear, as if the bloke,
if he had a choice, wouldn't choose
for his last will not to be
his last.

Quiero hablarte a través del tiempo,
no llamarte por teléfono, no,
por favor no, no la cosa ridícula
y triste y comprobar que ya no,
que no es algo que,

ah no, oh no, la cosa no está en vos
no está en mí, está en el pasado,
el pisa-pasado, ni el calzado más recio
protege los pies sobre la lava que arde
casi igual

que hace un millón de años: lo que quiero
es volver a esas islas, y un sopor
o más bien un insomnio sostenido,
me las trae de vuelta, en su esplendor,
en todo su:

flores gigantes y mínimos dragones:
y ahora que los tengo   no sé qué hacer con ellos.

I want to talk to you through time,
not phone you, no,
please no, not the sad ridiculous
thing and discover that no longer,
that it's not something that,

ah no, oh no, the thing isn't in you,
isn't in me, it's in the past,
the tamped-down past, even the sturdiest boots
can't protect your feet from the lava as scorching
almost as

a million years ago: what I want
is to return to those islands and a torpor
or rather an extended sleeplessness
brings them back to me, in their splendour,
in all their:

giant flowers and minimal dragons:
and now I have them   I don't know what to do with them.

CUARTA PARTE

CÓMO LLEGAMOS
A BAÑARNOS ENTRE LOS TIBURONES

Donde se relata detalladamente el origen de los fondos que permitieron el viaje. Fotos submarinas. Todavía más detractores de Darwin.

PART FOUR

HOW WE CAME
TO SWIM WITH SHARKS

Where is recounted in detail how we acquired the funding for our voyage. Undersea photography. Sharks.

La ruleta

Nos quedaba una ficha, diez ridículos
misérrimos centavos, la pusimos
a la calle del siete-ocho-nueve,
salió el ocho, pagó un dólar veinte,
setenta centavos se quemaron
en el quince o algo semejante,
una corazonada falsa, pero
treinta fueron al ocho, otros diez
al cuadro cuatro-cinco-siete-ocho,
diez más al semipleno nueve-ocho.
Diez dólares ochenta pagó el pleno,
casi un dólar el cuadro, unochenta
el semipleno. Trece con cincuenta
era el total, no sé por qué guardamos
los cincuenta, pero apostamos todo
lo demás al ocho. Salió, ganamos
cuatrocientos sesenta y ocho dólares.
De pronto, enfrentábamos el pérfido
tope de apuesta al pleno, veinte dólares,
valla torpe que el Malo levantaba
contra nuestro destino:
                                    pero en vano.
Nos estaban las islas prometidas:
coronamos: los veinte permitidos
fueron al pleno, cien a la primera
docena, cien al negro, a menor
cien más, diez a la calle, a la línea
otros diez y a los cuatro semiplenos
con el ocho, diez más a cada uno.
Tendríamos que haber puesto cuarenta
a los cuadros y cien en la segunda
columna, no hubo tiempo, además
no alcanzaba la plata para todo.

Roulette

We had one chip left, ten ridiculous
paltry cents, we put it
on the seven-eight-nine street,
eight came up, it paid one dollar twenty,
seventy cents were burned
on the fifteen or some such,
a bad hunch, but
thirty went on eight, another ten
on the carré four-five-seven-eight,
another ten on the cheval nine-eight.
The en plein paid ten dollars eighty,
the carré nearly a dollar, the cheval
one eighty. That made
thirteen fifty in total, we held onto
the fifty, I don't know why, but we bet
all the rest on the eight. It came up, we won
four hundred and sixty-eight dollars.
All at once, we were confronted with the infernal
twenty dollar limit on en plein,
an insolent obstacle erected by the Evil One
between us and our destiny:

but in vain.
The promised isles were ours.
We spread our bets: the permitted twenty
went on en plein, a hundred on
première douzaine, a hundred on black, on manque
another hundred, ten on street, on line
another ten and on the four chevals
with eight, ten on each.
We should have put forty
on the carrés and a hundred on the
deuxième colonne, there wasn't time, besides
we didn't have enough money for all.

Giró el plato, curvilíneo
contrapunto de las fichas cuadradas,
de las calles y columnas, dispuestas
en forma ortogonal, como si una
extremada tensión las mantuviera
quietas, entrelazadas, cuadripléjicas.
Después giró la bola, era la cosa
más cercana a la idea, inasible
sin ángulos, ni aristas, ni costados.
En los tramos finales tintineó,
de un número a otro se movía,
podía estar dejando atrás el ocho,
o acercándose a él en agonía
(faltan dos, falta uno, no llegó).
¿Quien había de hablar por la sellada
boca, los dioses favorables
o el juez insobornable, el que sabe
exactamente qué nos merecemos?
Ocho. El ocho. Salió el ocho,
setecientos veinte pagó el pleno,
otro tanto los cuatro semiplenos,
setecientos las chances, cientochenta
las calles y la línea ¡Salió el ocho!
¡Y todavía los cincuenta céntimos
que en el lance tercero sustrajimos
al juego, nos pesaban, acusándonos
de débiles ladrones! Salió el ocho
una quinta vez, una sexta, séptima
y octava vez. Perdí la cuenta, cien
doscientos mil, quién sabe cuánto era.
¡Era una borrachera anaranjada
y brutal, amarilla, verde, gris,
y púrpura de fichas nacaradas!
¡Un pollock-archipiélago de fichas!
¡Quinientos, cien, diez mil, mil, mil, llevaban

The wheel revolved, curvilinear
counterpoint to the square chips,
to the streets and columns, arranged
orthogonally, as if an
extreme tension maintained them
motionless, intertwined, quadriplegic.
Then the ball rotated, it was the
nearest thing to an idea, ungraspable
with no angles, ridges, sides.
In its last revolutions it clattered,
it shifted from one number to another,
it seemed either to be leaving the eight behind
or agonisingly approaching it
(Two more, one more, no go).
Who would speak through sealed
lips, the friendly gods
or the righteous judge, he who knows
our just deserts.
Eight. The eight. The eight came up,
the en plein paid seven hundred and twenty,
the four chevals as much again,
seven hundred the multiples, a hundred and eighty
the streets and the line. The eight came up!
And still the fifty cents
that we held back from play
on the third throw, burnt a hole in our pockets
condemning us as feeble thieves. The eight came up
a fifth time, a sixth, a seventh
and eighth time. I lost count, a hundred
two hundred thousand, who knows how much.
It was a brutal orange
yellow green grey and purple binge
of pearly chips!
A Pollock-archipelago of chips!
Five hundred, a hundred, ten thousand, a thousand,

estampado en los lomos, en dorado!
¡Cómo iban y venían las cretinas!
¡En olas, marejadas, ventarrones!
¡Tsunamis, maremotos, trombas, tumbos!
El ocho, no salió ya nunca más.
A veces salía el nueve y acertábamos
un semipleno, una torpe línea,
pero más bien, en general, perdimos.
En general y singular: perdí
y perdió y perdí y perdimos.
Una racha malísima, infinita,
nos puso idiotas en la puerta del hotel.
La una: no podíamos, en modo alguno, retornar
a nuestra pieza en ese horrible antro:
donde habíamos tocado el cielo
y desde él caído ¿cómo volver, ahora, a dormir
mientras giraba, impertérrita, Fortuna?
Recorrimos media ciudad. Necesitábamos
una línea, un trago. Ardían las gargantas, el suelo calcinado
nos deshacía los zapatos. Hubiera
rajado una tortuga para tomarle
el agua del pericardio y si estuviera
envenenada, mejor. Pero no hay
tortugas en Quito, menos que menos a las dos de la mañana:
¡oh, una comprobación completamente estúpida!

¿Quae
Urbs
Imbecillitam
Tuam
Oponet?:

Quito.

a thousand stamped in gold on their backs!
How the fools came and went!
In waves, swells, gales!
Tsunamis, seaquakes, waterspouts, cataclysms!
The eight never came up again.
Sometimes the nine came up and we won
a cheval, a stupid line,
but really, in general, we lost.
In general and in singular: I lost
and it lost and I lost and we lost.
An endless disastrous losing streak
deposited us, poor saps, at our hotel door.
One a.m. no way could we return
to our room in that horrid lair:
where we had touched the heavens
and fallen back to earth – how now to sleep
while, imperturbable, Fortuna wheeled around?
We wandered half the city. We needed
a line, a snifter. Our throats were burning, our shoes
caked with dust. I would have
cut a tortoise open to drink its
pericardial fluid, if poisonous
so much the better. But there are no
tortoises in Quito, and certainly none at two a.m:
oh what an idiotic remark!

Quae
Urbs
Imbecillitam
Tuam
Opponet?:

Quito.

Lo que te doy, te lo Quito. No nos quedaba un dólar
ni para un poco de algo.
(O eso creíamos: más tarde, en un bolsillo descosido
de modo tal que habilitaba una entrada
al ruedo del saco, encontré
una ficha de quinientos, hija resacosa
de un instante espléndido:
las esdrújulas son ridículas:
aunque quizás más ridículos sean
los que nunca fueron ridículos, nunca
escribieron cartas de amor.
¡Galápagos! ¡Galápagos! O, más precisamente:
Economic Galápago Tours.)

Let's call it Quitso. We didn't have even have a dollar
for a little something.
(Or so we thought: later, in a pocket with a hole in it
big enough for things to slip through
into the jacket-lining, I found
a five hundred chip, hungover daughter
of a splendiferous instant:
antepenultimates are ridiculous:
though more ridiculous perhaps
are those who've never been ridiculous, who've never
written love letters.
Galápagos! Galápagos! Or, to be precise:
Economic Galápago Tours.)

·

El problema real, el que preocupa

a Horacio cuando niega las sirenas:
¿cómo podría la cintura humana
empalmar con la cola de un pescado?
¿En qué ángulo, a través de qué pasajes
encubriendo con qué malsanas artes
la solución de la continuidad?
Siglos más tarde Canova mostró
que podía hacerse lo más bien.
Sin embargo, ese supuesto imposible
teórico-técnico iba a ser tomado
como cierto un milenio y medio;
del mismo modo, Oh, protagonista
de nuestra historia, tuvo varios siglos
(más o menos entre los cinco mil
y los siete mil años de su edad)
como técnicamente improbable
y teóricamente sospechosa
la teoría, que a los cinco mil
cuatrocientos le fuera revelada,
acerca del modo en que la especie
(la humana, que era la que revestía
interés para él y los demás
primitivos, sin embargo admitamos
que también, por extensión, las otras)
se perpetuaba/n.
No sin un dejo de astucia primitiva
razonó Oh:
"Hete aquí que siempre nuestra tribu
ha estado obsedida por dos misterios:
uno, qué es eso
que de pronto sonroja, de pronto no se puede
decir, de pronto
reúne en dúos a el y la, los aparta, los encierra

The real problem, the one Horace

wrestles with when he disbelieves in mermaids:
how could the human waist
be spliced onto the tail of a fish?
At what angle, through what passages
disguising with what morbid arts
the solution of continuity?
Centuries later Canova demonstrated
it could be most wonderfully done.
Nonetheless, this presumed techno-theoretical
impossibility was believed in
implicitly for a millennium and a half;
similarly, Oh, protagonist
of our tale, for centuries
(more or less when he was between
five and seven millennia old)
considered technically improbable
and ideologically suspect
the theory that was revealed to him
when he was five thousand four hundred
about how the species
(humanity, which was the one
he and the rest of primitive man
were interested in, but let's include
the other species too by extension)
perpetuate(s) itself/themselves.
Not without some primitive wit,
Oh reasoned:
'Behold, our tribe has always
been obsessed by two mysteries:
one: what is it that
blushes suddenly, is suddenly
tongue-tied, suddenly
pairs him up with her, separates them off, shuts them

en dormitorios
y piezas de hotel y descampados
(aunque lo de los descampados
no es propiamente encierro, pero ustedes
me entienden)
y algo más tarde hace que uno tire
a la otra
desde un piso catorce o la otra
a uno
le eche ácido en la cara o ambos dos
(juntos)
metan un extremo de un tubo de goma
en el caño de escape
y el otro extremo en el auto, y etcétera,
y se alude a ello
rabelesianamente, entre *gestes* y *métaphores* y poderosa
comicidad:
verbalmente; y en mala prosa, con torpes dibujos
en los baños de los bares;
y pomposamente, hasta volverlo inextricable
y salutífero como lavarse el culo
con un cepillo de dientes, dentífrico incluido,
en un libro paramédico; digamos que este es un grupo
de misterios; y el otro, el de los misterios
esdrújulos por excelencia: de dónde venimos, por qué
existimos; y hete aquí
que según la versión que este primitivo
acaba de contarme
todos estos secretos confúndense en uno solo:
venimos de los tales
descampados y secreteos y risa y bombachas
y forro-culo-tetas-pija-te la meto-te la chupo
y dibujos
y asesinatos, despeñamientos y piezas de hotel. ¿No es esto
sospechoso? ¿No estaría, más bien, delatando

away in bedrooms
and hotel rooms and out in the open
(though out in the open
can't really be shut-away, but you
know what I mean)
and a little later makes him throw
her from the fourteenth floor or
her
throw acid in his face or both
(together)
put one end of a rubber hose
in the exhaust-pipe
and the other end inside the car, etcetera
and is discussed
bawdily, in gestes and métaphores
and double-entendres:
verbally; and in bad prose, in crude doodles
in pub toilets;
and pompously, until it becomes inextricable
and salutary like cleaning your arse
with a toothpastey toothbrush
in a medical textbook; let's call this a group
of mysteries; and the other, the one
with the antepenultimate mysteries
par excellence: where do we come from, why
are we alive; and lo and behold
in the version this primitive
has just conveyed to me
all these secrets boil down to one thing:
we descend from these
outdoors and secrets and laughter and knickers
and sheath-arse-tits-prick-fuck-suck
and doodles
and murders, defenestrations and hotel rooms. Isn't that
a bit suspect? Doesn't it rather betray

la primitiva naturaleza de la mente que, de pronto,
junta todo lo que ignora
y le da una explicación global, pongamos por caso,
el viento o Dios o algo
por el estilo?"

the primitive mind which, suddenly,
lumps together all it doesn't know
and comes up with a blanket explanation for it,
as it might be
the wind or God
or some such.

Tres, cuatro líneas

Entrar al cuadro
empujado por tres o cuatro líneas,
una detrás de otra,
más allá, más cerca, adentro,
y una vez adentro
pasear por el patio blanco y negro
del grabado, al borde del mar.
Mirar el mar
desde adentro del grabado, el borde
del mar. Entender
lotodo, dominar
lotodo. Un solo instante
cruzar la mirada con tus ojos azules
a través del mar: entre los dos, funesto
un tiburón. ¡Qué importa
el tiburón, que venga, muerda
que se coma un brazo, que se coma
el corazón, ya está usado,
ya está usado el corazón, ya está usado,
ya está, tuvo-tiene lo suyo,
lo suyo lo tiene, no lo
necesitamos
más!

Three, four lines

Enter the painting
nudged by three or four lines,
one after the other
further, nearer, in
and once in
stroll over the black and white courtyard
of the engraving, on the seashore.
Look at the sea
from the engraving, the sea's
rim. Understand
allofit, master
allofit. For one instant
meet the gaze with your blue eyes
underwater: between them, funereal,
a shark. – Who cares
about the shark, let it come, let it bite,
let it devour an arm, let it eat
my heart, worn-out now
as it is, it's had – it has its share,
it has its share, we have no
further
need of it!

Tiburones

El mar estaba lleno
de tiburones, nos metíamos igual, yo buceaba
no lejos de la costa y como bajo el agua oí
gritos, gritos angustiados, asomé la cabeza
y te vi, agitando los brazos: magnífica pasó,
como en los dibujos animados, pero más lenta, la aleta
negra, fatídica: no supe
qué hacer, se fue, te veo todavía mover los brazos
a través de los anteojos de mi máscara, quisiera
volver allí pero sólo a la ninfa Asterie
le es dado, creo, volver al pasado, y aun eso
me parece que fui yo que lo inventé.

Sharks

The sea was full
of sharks, we went in anyway, I was diving
not far from the coast and as underwater I heard
screams, anguished screams, I surfaced
and saw you waving your arms; splendidly
as in cartoons, but slower, the fateful
black fin appeared: I was
paralysed, it went away, I can still see you waving
through my diving-goggles, I wish
I could go back there, but only the nymph Asterie
has the gift, I believe, of going back in time, and that too
I may have made up.

Profecía del Anti-Darwin

El hombre, que creyó que provenía
de las figuras geométricas,
o de las piedras arrojadas
hacia atrás por los sobrevivientes
del diluvio, cuando un sueño les dijo
que arrojaran los huesos de la tierra
(les llevó un par de siglos entender
qué demonios se les pedía que hicieran)
el hombre, decía, que creyó
devenir como una emanación
del arquetipo platónico,
o bien del Verbo encarnado
en un sujeto y su costilla,
 incapaces en conjunto de etc.,
habiendo sido refundada la raza
por un barco que encalló en Turquía
tras andar a la etc., ver etc. etc.,
en fin, el que creyó ser guijarro
o arcilla o triángulo o sueño
ahora se cree un mono. Nos reiremos mucho
a la vuelta de los siglos de esta nueva
religión y su simiesco padre.

Prophecy of the anti-Darwin

The man who thought he originated
from geometric figures,
or from the stones thrown
over their shoulders by the survivors
of the Flood, when in a dream they were told
to throw down the bones of the earth
(it took them a couple of centuries to work out
what the hell they were being asked to do)
the man, as I was saying, who thought
he arrived as an emanation
of the platonic archetype
or else as the Word made flesh
in one man and his rib,
incapable as a whole of etc.,
the race having been refounded
by a boat that ran aground in Turkey
after a voyage to etc. to see etc. etc.,
in short, the man who thought he was a pebble
or clay or a triangle or a dream
now thinks he's a monkey. How we'll laugh
in times to come at this new religion and its simian sire.

Siempre lista para bucear, tirarte

desde la borda del barquito, en mar abierto,
no nos importa el tiburón, nos tiramos
sin miedo, si nadás bien no te atacan, uno
es un bicho bastante grande y con las patas
de rana te deslizás, te respetan,
tampoco están tan muertos de hambre,
que se coman a otro, aquí vamos nosotros,
la nueva especie, a flotar entre los peces
que vistos de frente desaparecen. Fotos Kodak
bajo el mar, no hay nada
más parecido a volar que este extático
estar aquí bajo las olas, rompen
sobre nuestros cuerpos, tres metros más arriba
trizan la luz del sol.
Tus ojos enmarcados
por esa máscara negra, en qué pensás, como yo, en nada,
en nada aquí, volando bajo el mar, se mueven unas matas
submarinas como el pelo de una sílfide
enterrada en la arena.

Always ready to dive, to throw yourself

off the side of the little boat, out on the open sea,
we don't care about the sharks, we jump in
fearlessly, they don't attack good swimmers, we
are sizeable creatures, and with our
flippers we slide off, they respect you,
anyway they aren't dying of hunger,
let them eat somebody else, here we go,
the new species, floating among fish
that disappear when seen from the front. Kodak undersea
photos, there's nothing
more like flying than this ecstatic
being here beneath the waves, they break
above our bodies, ten feet up
they splinter the sunlight.
With your eyes framed
by that black mask, what are you thinking, like me, nothing,
nothing here, flying undersea, submarine shrubs
sway like the hair of a sylph
buried in the sand.

Fotos bajo el mar, con una cámara berreta

pero que sean
fotos bajo el mar, que sean
azules,
que la cámara amarilla
sea,
que azules sean las fotos del sea,
que detrás
de la cámara sea tu máscara negra de buceo, y en la cápsula
de aire
adentro de la máscara negra de buceo
azules
tus ojos sean, pero que sean
tus ojos
que al extremo de las conexiones nerviosas
o lo que sea
que haya al extremo, estés vos
¿o era
tu cerebro lo que estaba al extremo
de las
conexiones nerviosas?

Undersea photos with a cheapo camera

but they must be
undersea photos, they must be
blue,
the camera must be
yellow,
the photos must be blue photos of the must-be-sea,
and behind
the camera must be your black diving mask, and in
the air-capsule
inside the black diving mask
must be your eyes, must be
your eyes
and at the end of the nerve connections
or whatever might be
at the end, must be you –
or was it your brain at the other end
of the
nerve connections?

Un ojo puede ser pensado como un bicho,

pero dos ojos no,
dos ojos son tus ojos, son vos, una colonia
de células
a la sazón agrupadas bajo el nombre
vos, tus dos
ojos agrupados al resto de, y a tu cerebro,
un sitio, no,
mejor que un sitio, un nombre:
vos.

Un nombre no puede ser traspasado
por la realidad, más bien es al revés,
la realidad es un triángulo en el plano
y el plano no puede ser traspasado
desde el mismo plano.

Sólo tu nombre puede atravesarlo,
cruzar el páramo extrachato desde afuera
dejando en los extrachatos pobladores
de extrachatolandia

la impresión de un fenómeno mágico
que empieza porque sí,
porque sí crece y tal como llegó
desaparece.

(Fotos azules, de un desvaído, ridículo azul, ridículas fotos
del mar,
lógicamente azules, yo allí en las fotos que tomaste
vos
la única prueba de que estuve allí,
azul,

One can think of a single eye as a bug

but not of two,
two eyes are your eyes, are you, a cell
colony
once upon a time assembled and named
you, your two
eyes added to the rest of, and to your brain,
a place, no,
better than a place, a name:
you.

A name can't be traversed
by reality, in fact it's the other way round,
reality is a triangle on the plane
and the plane can't be traversed
from the plane itself.

Only your name can traverse it,
can cross the flat-as-a-pancake wasteland from outside
leaving in the superflat inhabitants
of pancakeland

the impression of a magical phenomenon
which starts just because,
grows just because and just as it arose
it disappears.

(Blue photos, a faded, ridiculous blue, ridiculous photos
of the sea,
logically blue, me there in the photos taken by
you
the only proof I was there,
blue,

la única prueba de que
yo,
la única prueba de que yo, la única yo
(recuerdo
haber leído que una súbita corriente de agua fría
(¿o caliente?)
cambia el sexo del pulpo, o era
otra cosa,
después de haber puesto 400 millones de huevos
la hembra
del pulpo muta a macho,
después de haber salido en 400
millones de fotos
tuyas yo)

the only proof
I,
the only proof, the only I
(I remember
reading that a sudden eddy of cold water
(or warm?)
changes the squid's sex, or was it
something else,
after laying 400 million eggs
the female
squid mutates into a male,
after featuring on 400
million photos of
yours I)

Karphosto bojalmar konú namara

cabeterra karphosto bojalmar
                 entrules tiburionas bojalmar
perro skesé mariya

kesema riyamués trokolovén
                 losó jutoyos mor
kesanasú losó jostui kesán

asú losujos yusto sulanó
                 ocean sean jú
julostuyó toyul ocean tusó.

Unda sifo tosona kammerer

cheep abut unda sifo tosona musby
      inda sharkies unda si
abut mus bee yell Oh

kammerer musby yell Oh
      musby urize,
mus bibloo musby

blurize urize unda
      simus bee blublu
musby inna see urize.

Fotos bajo el mar, una cámara berreta

pero
que saca fotos bajo el mar, una cámara
amarilla,
y detrás tus ojos. Si fuera cierto
que
lo que estas fotos muestran es lo que vos
ves,
lo que vos viste, ahora fijo y virado al azul,
a
un desleído azul, sobreviviendo obscenamente al instante,
fotos
de un desleído fijo azul, zul fijozul, yo mismo fijo, azul, con
patas
de rana
y una máscara negra mutando a rana, a ridículo pez
mamífero
bajo las olas, a ridífijo mamículo azul en el mar, en el pasado,
zul, fijozul,
ridículo mutánculo bajo tres metros de agua y quince años
de evéntulos
ridículos azules transcúrricos con la
mayor inocencia e
inadversión camino de la túmbula.

Undersea photos, a cheapo camera

but
it takes photos beneath the sea, a yellow
camera,
and behind it your eyes. Were it true
that
what these photos show is what you
see,
what you saw now caught and turned blue,
a
watery blue, obscenely outliving the moment,
photos
a watery caught blue, blu caughtblu, myself caught, blue with
frog
flippers
and a black mask mutating into a frog, into a ridiculous fish
mammal
beneath the waves into a ridiculous blue mammalcule in the sea,
in the past,
blu, caughtblu,
ridiculous mutantcule beneath 3 metres of water and 15 years
of ridiculous blue
eventicules traversed with the
most utter innocence and
inattention on the road to the toom.

Manchas verdeoscuras, como a través

de una pálida tiniebla se distinguen: ese soy yo,
eso como atacado de verdín, como un casco hundido
al que la broma hubiera puesto más pesado
que el hierro, luego inferido
sutilísimas heridas, hundido y más tarde y poco a poco
botanizado, mineralizado.
Ese soy yo, así me ven en esa tarde o mediodía
bajo el mar tus ojos azules. Si el agua hace oscilar
el casco inmóvil, la abrumada figura
de tu fotografía, entonces pareciera
que respira, vive. Pero es una ilusión, incluso la foto
se perdió en las mudanzas que siguieron
a la, a mi, a tu, a la no-nuestra,
a la pérfida   a esa   la
(no hay caso, amor,
no hay forma, no hay manera).

Dark green stains are visible

as if through pale shadow, that's me,
that verdigris-ed object, like a buried hull
clams made heavier
than lead, and then inflicted miniscule
wounds on and buried and later little by little
botanized and mineralized.
That's me, that's how I look that afternoon or noon
under the sea in your blue eyes. If the water makes
the hull oscillate, the hazy figure
in your photograph, then it might seem
to breathe, to be alive. But it's an illusion, even the photo
was lost in the moves that followed
the, my, your, the not-our,
the betrayal that the
(it's no good, my love,
no shape or form, no way).

Cuarto de hotel

Es un cuarto de hotel, ¿no?,
se ve que es el mismo
         cuarto feo

en el que me dormí, la misma impericia
del colocador empujando las columnas
de flores cobalto del empapelado
         la una contra

la otra, el mismo hotel de siempre,
y aquí cabe el mundo, aquí se apiñan
a rachas las iguanas, el mar atormentado
y caprichoso, la luna redonda como un banjo,
         música negra,

tiburones, trapecios, tus ojos
tras la máscara de buceo, en
la cápsula de aire de la máscara,
         azules.

Hotel room

It's an hotel room, right?,
one can see it's the same
                ugly room

I fell asleep in, the same bodging
decorator's hanging of the sheets
of cobalt blue flowered wallpaper
                one over

another, the same old hotel,
and the world crams in, here pile up
spates of lizards, the restless and whimsical
sea, the moon as round as a banjo,
                soul music,

sharks, trapezia, your eyes
behind the diving mask, in the air-
capsule of the mask,
                blue.

Epílogo de la cuarta parte

Un palimpsesto, una superficie alterada por inscripciones,
blancos, pisadas superpuestas, sueños

fracturas y rayones que sugieren
circunstancias cambiantes que impactan

sobre la forma misma de los seres.
Un examen atento de los cuerpos

hace de cada cual un palimpsesto,
en los órganos inútiles, en los estúpidos

errores de diseño, revela
los otros cursos que la historia

podría haber tomado, manchas o fichas
o islas que van y vienen sobre un paño,

formas que el viento desperdiga,
hunde en el mar:

tendencias satisfechas, luego abandonadas,
necesidades que emergen o declinan,

afinidades que se desvanecen,
constantes recomienzos y partidas:

durante un único, interminable viaje
de juventud alrededor del globo

Darwin despliega una fuerza sobrehumana,
un demonio parece que lo anima,

Epilogue of the fourth part

A palimpsest, a surface marred by scribblings,
blanks, overlapping footprints, dreams

fractures and abrasions suggesting
changes in circumstance influencing

the very form of creatures.
A close examination of the body

 makes everyone appear a palimpsest,
in the redundant organs, in the stupid

design faults, it reveals
the different paths history

could have taken, stains or chips
or islands coming and going on a cloth,

forms the wind scatters,
buries in the sea:

tendencies indulged in, then abandoned,
needs that emerge or decline,

affinities that vanish,
constant recommencements and departures:

during a single, interminable youthful
journey round the globe

Darwin displays a superhuman energy
that seems daemonic in origin,

después vive sesenta años más
postrado por el Chagas, pensando en lo que vió,

reescribiendo las ávidas notículas
que cubren sus cuadernos:

lados, minutos, pies,
millas y grados

y un vendaval de bestias y de flores
que vuelve cada noche cuando sus hijos duermen.

and then he lives another sixty years
prostrated by Chagas disease, mulling over what he saw,

rewriting the brief avid observations
his notebooks are crammed with:

sides, minutes, feet,
miles and degrees

and a whirlwind of beasts and flowers
that returns every night when the children are asleep.

QUINTA PARTE

LA TORMENTA

Cumpleaños a bordo. Se desencadena la tormenta. En tierra, una ráfaga de viento se lleva las cosas.

PART FIVE

THE STORM

Birthday on board. The storm breaks out. A squall blows everything away.

El relámpago

De la tormenta densa
no se deduce el peso
negativo del relámpago.
¿Qué fue que parpadeó
allá en lo negro y cómo
anuló la gravedad de la nube?

The lightning

From the dense storm
the lightning's negative
weight can't be deduced.
What was it that blinked
out in the black and how did it
cancel the cloud's gravity?

Rechinaron las olas como falsos mendigos

cuyas muletas crujen antes de dar un golpe;
rechinaron las olas, preparaban su asalto
y hubo un último instante perfecto, demudado;
luego el cielo se puso violeta, quedó en seco
una franja de fondo marino
de mil, de mil quinientos metros;
la tierra retumbó, una pared de agua
se abalanzó sobre la costa, se llevaba
casas, carruajes, el ganado, gente;
el segundo asalto entró a la selva, buscando
al tigre, al pájaro dormido; saltaron
prontas las ranas al pantano,
pero también volaron los pantanos,
se vieron tiburones en las copas
de los árboles, elefantes
que torpemente emulaban cachalotes.

The waves groaned like counterfeit beggars'

creaking crutches as they raise them up to strike;
the waves groaned, they readied their attack,
and there was a final perfect moment, out of time,
then the sky empurpled, a thousand metre,
fifteen hundred metre strip
of the sea-floor was laid bare;
the earth rumbled; a wall of water
crashed against the shore, houses,
carriages, cattle, people were swept away;
the second attack broke into the jungle, hunting down
tigers, sleeping birds; soon
the frogs dove into the swamp,
but the swamps too were blown away,
sharks were seen in the treetops,
elephants awkwardly emulating whales.

¿Era así?

Así, como un escalofrío
que recorriera la tierra, arrancara
al continente semillas, insectos,
lanzara todo hacia las islas mar adentro
y que llegue el que llegue y que vuelva
el que pueda. Era
como tu corazón un desierto de apenas
cien mil años o menos, y como
tu corazón fue poblado de espinas
y cigarras gigantes y frágiles
que resisten la sed, ceden al viento.

¿Era así?

Was this how it was?

Like this, like a shiver
running through the earth, ripping
seeds, insects away from the continent,
sending all of it towards the offshore islands,
arrive who may, return
who can. Like
your heart it was a desert barely
a hundred thousand years old and like
your heart it was full of thorns
and giant fragile cicadas
resistant to thirst, yielding to the wind.

Was this how it was?

La mañana del último día

será un perfecto amanecer
sobre las olas, en la playa bruna.
Un poco más tarde oscurece,
hierve el mar y bullendo
se precipita por las grietas que en el fondo, etc.,
la atmósfera se fuga al espacio, etc., etc.
(Un terremoto induce en la mente más ideas
que un siglo de reflexiones.
La tierra se balanceaba suavemente:
no era difícil mantenerse en pie, si uno aceptaba el movimiento
como sobre una balsa, en el mar, en la marejada de olas cortas,
de hecho más fácil que mantenerse parado sobre un galápago
cuando silba y empieza a caminar.)

The morning of the last day

will be a perfect dawn
over the waves, on the black beach.
A little later it darkens,
the sea boils and boiling
floods into the fissures of the sea-bottom etc.,
the atmosphere escapes into space etc., etc.
(An earthquake seeds more ideas in the mind
than a century of reflection.
The earth was softly swaying:
it wasn't hard to keep one's footing if one thought of it
as being on a raft at sea on the neap tide,
in fact easier than being stood on a tortoise
when it whistles and moves away.)

Se hincharon las riberas, el ciclón

arrasó la selva y de nada
les sirvió su vigilia a los pájaros,
a la araña su escondite.
Las ranas se esfumaban en el barro
pero también saltaron los pantanos:
lo que era ralo se apretó, lo que era denso
o estaba atado se esparció.
Por la cola quedó enganchado
el delfín en el árbol de café
y a la cabra sus patas poderosas
de poco le sirvieron   al hora de nadar.

The coast swelled up, the cyclone

razed the jungle and the birds'
vigilance, the spider's hidey-hole
couldn't save them.
The frogs plunged into the mud
but the swamps too flew away:
what was scattered blew together, what was close-packed
or tied down blew apart.
The dolphin hung
by its tail from the coffee tree
and the goats' powerful pins
were of little use to them   when it came to swimming.

Rugen los lobos marinos

cuando pasamos entre ellos, parecen
enfermos, y esas aletas minúsculas, se arrastran
apenas sobre la arena, quinientos, setecientos kilos
en agonía, sobre la playa. Como
hidrópicos, medio muertos:
entonces uno se olvida
de la tremenda boca, etc., y justo ahí
te tiran un tarascón cuando les pasás
al lado. Y brum, brum, viene el viento
huracanado: he notado que los ciclones
giran en este hemisferio en sentido contrario
a las agujas del reloj, mientras que en el nuestro
giran en sentido horario: como si estuviéramos
del otro lado de un espejo, y aún
el agua, al escurrirse por, digamos, un embudo
en su tramo final hace un pequeño remolino
igualmente levógiro, exactamente
al revés
que.

The sea wolves roar

when we walk among them, they seem
sickly, and those miniscule fins, they can hardly
drag themselves over the sand, five hundred, six hundred kilos
in agony, over the beach. Almost
dropsical, half dead:
then one forgets
the enormous mouth etc. and just like that
they give you a nip as you go by.
And, vroom vroom, here comes
the tornado: I've noticed that cyclones
rotate anticlockwise
in this hemisphere, whereas in ours
they spin clockwise: as if we were
through the looking-glass, and yet
water running away down, say, a plughole
as it disappears forms a little whirlpool
which is also anticlockwise, exactly
the opposite
of.

¿Pero qué, cómo

iba a haber una fecha en un mapa, y sin embargo
señalaste, noviembre, señalaste el día, el año.
Como aportando un punto
fijo, ah sí, ya sé, en un mapa einsteiniano
del continuo espacio-tiempo, un mapa,
por ejemplo, tridimensional
del universo cuatridimensional, podríamos
tener una fecha impresa. Pero ni ahí se puede
fugarse hacia atrás: se puede, dicen, viajando a casi
la velocidad de la luz, ir a dar una vuelta
por las estrellas, volver dentro de trescientos años
con sólo uno o dos más, y cuál
es la gracia, se murieron todos los que uno quería, el mundo
está lleno de pendejos, la gente te mira de un modo raro,
no entendés nada, cuál es el chiste: pero en un mapa
buscás el tiempolugar del que viniste,
ahora sos un punto,
entrás en el mapa, algo falla, algo te falla a vos
en el balero, te patina: te patinaste el tiempo
que te quedaba allá para venir
acá donde no tenés
nada pero nada que hacer.

But really, how

could there be a date on a map, and yet
you pointed to November, the day, the year.
As if by adding a fixed
point, oh yes, I see, to an einsteinian map
of the space-time continuum, for instance
a tridimensional map
of the quadrimensional universe, you could
date it. But even then you can't
escape back into the past: they say that if you travel almost
at the speed of light you can take a trip
around the stars, return in three hundred years or so
and be only a year or two older, but where's
the fun in that, all your loved-ones are dead, the world
is full of arseholes, people look at you sideways,
you don't get anything, you don't get the joke: but on a map
you look for the place-time you came from,
now you're a point,
you're on the map, something's missing, you've lost
your bearings, your wheels spin: you've skidded over the time
you stayed there to come
back here where there is
no place for you, none.

Fecha

Alas que planean sin batir,
semillas que siguen sonámbulas
las líneas azules de la baja presión.
                    Por la promesa

de perder la conciencia los pájaros
se zambullen en el huracán. Todos se engañan
o cumplen un destino, tu dedo se detiene
                    cerca de las islas:

en mi recuerdo esa zona violeta
es el día de tu nacimiento pero cómo
iba a haber una fecha en un mapa,
                    qué se yo, estaba.

Date

Wings gliding not beating,
seeds sleepwalking along
the blue low pressure line.
　　On the promise

of losing consciousness, the birds
dive into the hurricane. Each is tricked
or fulfils its destiny, your finger rests
　　next to the islands:

in my memory that purple area
is the day of your birth but how
could there be a date on a map,
　　what do I know; there was.

Líneas de falla a partir de las cuales

se abre una grieta, un intersticio
tan ridículamente chico que no cabe
una carta, una gillette. Un abismo luego
que un tigre no lo salta y un mamut de los grandes
se cae y uno queda cuatro siglos
y medio en el borde esperando
escuchar cómo choca contra el fondo
sin que el más leve rumor arribe
a entretenerlo a darle ilusiones.

Fault lines from which

a fissure opens, an interstice
so ridiculously tiny a card, a blade
couldn't fit. In no time an abyss
no tiger could leap and a mammoth,
a big one, falls in and you stand four
and a half centuries on the brink hoping
to hear it reach the bottom
without the slightest sound
sustaining hope.

Uno se imagina

que hasta los arbustos huelen mal, y al pie
      de cualquiera de ellos, semiescondido, puede estar
el cráneo del capitán del barco amotinado, el del pirata
      traicionado por sus, el del deportado
que habló de menos o de más ante los pérfidos
      verdugos: en el origen
mutaciones, una suerte de traición a la propia
      especie, un ensayo exitoso
de zafar de la propia condición: desarrollar alas, o aunque sea
      unos élitros verdeazulados con los que armar
un buen escándalo en la noche, chirriar a menudo,
      volar de vez en cuando, aunque sea unos pocos
metros, o mejor unos cientos, criar un pico bien ganchudo
      para buscar a los antedichos
escarabajos con sus élitros ridículos
      en su escondite entre las piedras,
tener una especie de idea novedosa, patentarla
      en la oficina pertinente,
ensayar en un espacio limitado,
      asombrar a los congéneres hasta
que se vuelvan ex-congéneres;
      transformarse, para el otro,
en un monstruo, y si fuera posible
      demostrar luego ante los astros
que esa monstruosidad era una ventaja.
      ¡Adiós, me fui, soy un mutante,
no un deforme, no un boludo, me entienden,
      sino un mutante!
Y el polvillo atroz de las separaciones,
      lo que no te dije, lo que no entendí,
ahora ya nada puede repararlo, ese nosotros
      que tan laboriosamente fabricamos
se reveló falso, equivocado. ¿Me entendés? "Nosotros"

We fancy

even the bushes smell unpleasantly, and under
     any one of them, half-hidden, might be
the skull of the captain of the mutineers, or that of the pirate
     betrayed by his, or that of the deportee
who had most or least to say to his traitorous
     executioners: at the origin
came mutations, a kind of betrayal of one's own
     species, a successful attempt
to rid oneself of one's condition: growing wings, or even
     a pair of greeny-blue elytra to create
a nocturnal hubbub, screeching at will,
     flying sometimes, even just a few
feet, or, better, a few hundred, cultivating a hooked beak
     to hunt down the aforementioned
beetles with their ridiculous elytra
     in their hidey-holes among the rocks,
having a new-fangled idea, patenting it
     in the appropriate office,
trying it out in a restricted space,
     spooking one's fellows until
they become ex-fellows;
     transforming oneself, for those around one,
into a monster, and were it possible
     proving subsequently to the stars above
that this monstrosity was a boon.
     Bye-bye, I'm out of here, I'm a mutant,
not a misshape, not a blunder, hear me,
     but a mutant!
And the atrocious dust of separations,
     all I didn't tell you, all I didn't see
is now irreparable, that us
     we constructed so laboriously
turned out false, mistaken – Understand? 'Us'

también era un mutante, pero malo,
no tenía ventajas en la lucha por la supervivencia,
  sus rasgos eran inestables, sus manías
que parecían dotadas de una gracia genética, que llegaron
  a volverse naturales, aquello
por lo cual tan rápidamente se establecía un entendimiento,
  no hacían falta explicaciones,
la lengua privada, el cifrado instantáneo:
  no, no podía perpetuarse:
no hubo siquiera que esperar que se muriera uno de los dos
  para comprobarlo,
el alejamiento funcionó como un anticipo,
  una muestra gratis de la muerte.
Entonces, partiendo de alguna casi inadvertida línea de falla,
  cada uno empezó a su vez
a cambiar algún rasgo de aquella especie caprichosa
  que era el "nosotros", el *Ridiculus Nos Nos*,
    del cual nosotros mismos
habíamos sido el objeto y el sujeto, el entomólogo y el bicho,
    sin que sociedad científica alguna
      se dignara a convalidar
      nuestro descubrimiento;

  con razón   :   con bastante buen tino.

was also a mutant, but a sport,
of no use in the struggle for survival,
    its traits were unstable, its peculiarities
that seemed endowed with a genetic grace, that became
    second nature, the way
we came so soon to an understanding,
    no explanation necessary,
a private language, a shared code:
    no, it couldn't last,
we didn't even have to wait for one of us to die
    to prove it,
separation functioned as a foretaste,
    a premonition of death,
Then, beginning from some barely noticed fault line,
    each of us began in turn
to modify some aspect of the capricious species
    that was 'us', the Ridiculous Us Us
                of which we ourselves
        had been the object and the subject, the entomologist
                and the bug,
            without any Royal Society
            deigning to recognise
            our discovery

        and rightly so   :   quite justifiably.

¿De dónde fue que vino el viento

cargado de arena y se llevó
nuestras cosas al mar? En remolino
nos llenó los ojos de roca
batida y caracoles destrozados:
el viento loco sabía lo que hacía.
Lona debía ser, libros, tal vez fueran
aletas de hombre rana, cartas, cosas:
todo lo hizo saltar, hasta el negro
cinturón de buceo con tres kilos
de lastre repartidos en seis plomos
de medio cada uno se movió
hasta caer en un hoyo que enseguida
cubrió el mar. Lo que la muerte
no puede atrapar con la mano
es lo que casi no existe,
dos casi ciegos
sentados en la playa,   uno al lado del otro.

Whence came the sandstorm

that blew
our things into the sea? its whirlwind
filled our eyes with grit
and shattered snails:
the crazed wind knew what it did.
Canvas it had to be, books, maybe
frogman's flippers, letters:
It captured everything, even the black
diving belt, with three kilos
of ballast distributed into six weights
of five hundred grams, slid off
and dropped down a hole, immediately
inundated by sea. What death
cannot take by the hand almost doesn't exist,
two people almost blind
seated on the beach,   next to one another.

Trapecios, formas

que el viento hace girar, aleja
rodando por la playa, interna al mar.
Eran nuestras cosas, para qué
las queríamos o bien
para qué se querían a sí mismas, ahora
se hicieron formas puras, ascendieron
un peldaño en la escala del ser: nos miramos
después, como náufragos, semidesnudos,
también subimos un peldaño, oh y ah,
al tornarse evidente
que no tenemos nada:
ni siquiera, especialmente,
cada uno a sí mismo   el uno al otro ni.

Trapezia, forms

the wind whirls round, sends
rolling down the beach, sinks in the sea.
They were our things, why
we loved them or else
why they loved themselves, now
they are pure form, they have ascended
a rung of the ladder of being: we looked at each other
afterwards, like castaways, half-naked,
we, oh and ah, too ascend a rung
when it becomes clear
we possess nothing
not even, and particularly,
each one themselves   nor one the other.

Epílogo

Pero queda todavía una chance:
que se acabe este funesto big bang,
que el universo empiece a contraerse
y a enfriarse, camino del gran crunch:
acabarían entonces los adioses,
los alejamientos, las separaciones:
se invertiría la flecha del tiempo,
moriríamos antes de nacer,
la gigantesca nuez del coco
iría a parar a la basura
aún antes de que partiéramos el dicho
coco, o más bien, uniéramos sus partes:
primero el vagabundeo de Ulises,
después la Guerra de Troya, y recién
a lo último, el juicio de Paris: le saca
a Helena la manzana, piensa qué hacer,
se la devuelve a la Discordia; renace
tras las cortinas Polonio, Lady Macbeth
ve sus manos sangrientas limpiarse
al arrancar la daga del corazón del rey;
entran Eva y Adán al Paraíso
bajo la severa mirada del Angel:
Estimada Serpiente, o bien, lagarto
(habría recuperado ya sus patas)
acá le devuelvo esto, haga el favor
de pegarlo al árbol. Y chau, después
se mezclaría la luz con la tiniebla,
el Tipo diría el nombre de cada cosa
al revés, después de ver cómo se esfuma.
Torna Hermes al muslo de su padre Zeus,
éste al vientre de la Tierra, Urano
al seno del Tiempo. En la brutal
contracción, el universo entero

Epilogue

But there is still a chance:
that this disastrous big bang will end,
that the universe will start shrinking
and cooling, on the way to the big crunch:
the arrow of time would point the other way,
we'd die before we were born,
the gigantic coconut
would be thrown into the rubbish
before we'd cracked open the said
coconut or, rather reassembled it:
first the wanderings of Ulysses
then the Trojan war, and soon after
the latter, the judgment of Paris: he takes
the apple away from Helen, thinks things over
and hands it to Discordia; Polonius
is reborn behind the arras, Lady Macbeth
sees her hands cleansed of blood
as she pulls the dagger from the heart of the king;
Eve and Adam enter paradise
under the severe regard of the Angel;
Honoured serpent, or perhaps lizard
(it would have grown back its legs)
take this, if you will be so kind,
and replace it on the tree and ciao, then
light would be confused with darkness,
The guy would say the name of each thing
backwards, watching it disappear.
Dionysius returns to Zeus, his father's, thigh,
the latter to the Earth's womb. Uranus
to the bosom of Time. In its brutal
shrinkage, the entire universe
would be concentrated in a single point,
trillions of times denser

se concentraría en un solo punto,
miles de millones de veces más denso
que un agujero negro, un punto ¡un punto!
¡Basta de manchas, rayas, islas!
¡De líneas, dimensiones, planos!
¡Todo el peso de todo lo que pesa
y pesando ocupa un sitio e incordia a los demás,
al menos, a los que la mala suerte tienen
de compartir su miserable espacio-tiempo,
todo eso condensado en un punto,
sin dimensión, puro, matemático, una cosa
conjetural, irreal, incapaz de sufrir, inútil
para dañar! Y en el camino
hacia la apoteosis, tendremos al fin
el tiempo revertido, una honorable
despedida, un segundo acto cómico en que todos
caminan para atrás, como los buceadores
al entrar en el mar.
Pero parece, más bien (y como siempre
"pero" es el verdugo de lo que más nos gusta)
pero parece que cuando el crunch empiece
el universo ya se habrá enrarecido
y helado tanto que ni la sombra
de la sombra de la vida podría
existir en sitio tan frío: el baile
del revés queda reservado
para el polvo de las estrellas;
contrayéndose es poco probable
que hagan nada parecido a bolas
de gas o de fuego, y obviamente,
menos que menos, vida. Tampoco se regresa
así entonces y tampoco de otro modo
a lo que antes fue.
(.......................................)

than a black hole, a point – a point!
Enough of stains, lines, isles!
Of lines, dimensions, planes!
The whole weight of everything that weighs
and weighing takes up space and bothers other people,
at least those who have the misfortune
of sharing their miserable space-time,
all of this condensed into a point,
dimensionless, pure, mathematical, a matter
for conjecture, unreal, incapable of suffering, harmless
to others! And, on the way
to the apotheosis, we'll finally have
time in reverse, a dignified
farewell, a comic second act in which everyone
walks backwards, like divers
entering the sea.
But it seems, in fact (and as always
'but is the murderer of all we love)
but it seems that, when the crunch begins,
the universe will already be so rarefied
and have frozen so thoroughly that not even the shadow
of the shadow of life would be
viable in so cold a place: the reversal
dance is reserved
for the dust of the stars;
in shrinking they're unlikely
to create anything like gas
or fireballs, and, obviously,
unlikelier still, life. So neither
in this way or in any other can things
go back to how they were.
(...............................)

El trayecto punteado que el barco
de la Economic Galápago
hizo una vez, hace mucho en el tiempo,
se va volviendo la idea de un trayecto, hilván
que no retiene el conjunto:
tu dedo recorre las líneas
de las costas y los nombres de lugares
en versal y versalita fluyen bajo el índice,
las islas derivan como grandes tortugas,
convexas, sin fecha, sin ancla.

The dotted line the Economic Galápago
boat followed
once, long ago in time,
has become the idea of a journey, a tacking
unable to keep fast the whole:
your finger traces the coastlines,
and the place-names in caps
and sub-caps flow under your index-finger,
the islands drift by like giant tortoises,
convex, dateless, anchorless.

Ingram Content Group UK Ltd.
Milton Keynes UK
UKHW012256040423
419618UK00001B/8